零售供应链
数字化创新

DIGITAL
INNOVATIONS IN
RETAIL SUPPLY
CHAINS

[美] 赵先德 ———— 著

中国人民大学出版社
· 北 京 ·

图书在版编目（CIP）数据

零售供应链数字化创新 /（美）赵先德著. -- 北京：
中国人民大学出版社，2022.11
ISBN 978-7-300-31022-0

Ⅰ.①零… Ⅱ.①赵… Ⅲ.①零售业－供应链管理
Ⅳ.①F713.32

中国版本图书馆 CIP 数据核字（2022）第 176676 号

零售供应链数字化创新

〔美〕赵先德　著

Lingshou Gongyinglian Shuzihua Chuangxin

出版发行	中国人民大学出版社		
社　　址	北京中关村大街 31 号	**邮政编码**	100080
电　　话	010－62511242（总编室）	010－62511770（质管部）	
	010－82501766（邮购部）	010－62514148（门市部）	
	010－62515195（发行公司）	010－62515275（盗版举报）	
网　　址	http://www.crup.com.cn		
经　　销	新华书店		
印　　刷	涿州市星河印刷有限公司		
规　　格	147 mm×210 mm　32 开本	**版　　次**	2022 年 11 月第 1 版
印　　张	7 插页 2	**印　　次**	2022 年 11 月第 1 次印刷
字　　数	96 000	**定　　价**	69.00 元

中欧前沿观点丛书
（第二辑）

丛书顾问：汪　泓　迪帕克·杰恩（Dipak Jain）

　　　　　　丁　远　张维炯

主　　编：陈世敏

执行编辑：袁晓琳

院长的话

　　中欧国际工商学院（以下简称中欧，创建于 1994 年）是中国唯一一所由中国政府和欧盟联合创建的商学院。二十余载风雨兼程，伴随着中国经济稳步迈向世界舞台中央的历史进程，中欧从西方经典管理知识的引进者，逐渐成长为全球化时代中国管理知识的创造者和传播者，走出了一条独具特色的成功之路，成为一所亚洲领先、全球知名的商学院。中欧以"认真、创新、追求卓越"为校训，致力于培养兼具中国深度和全球广度、积极承担社会责任的商业领袖，被中国和欧盟的领导者分别赞誉为"众多优秀管理人士的摇篮"和"欧中成功合作的典范"。目前，中欧在英国《金融时报》全球 MBA 百强榜单中已连续四年稳居前十，在其全球 EMBA 百强榜单中连续四年位居前五。

　　中欧拥有世界一流的教授队伍，其中有 80 余位全职教授，来自全球十余个国家和地区，他们不仅博学善教，也引领着商业知识的创造。中欧的教授队伍中既有学术造诣深厚、连续多年引领"中国高被引学者"榜单的杰出学者，又有实战经验丰富的企业家和银行家，以及高瞻远瞩、见微知著的国际知名政治家。受上海市政府委托，中欧领衔创建"中国工商管理国际案例库"（ChinaCases. org），已收录中国主题精品案例 2 000 多篇，被国内外知名商学院广泛采用。中欧还独创"实境教学法"，引导商业精英更好地将理论融入实践，做到经世致用、知行合一。

2019 年起，中欧教授中的骨干力量倾力推出"中欧前沿观点丛书"，希望以简明易懂的形式让高端学术"飞入寻常百姓家"。我们希望这套丛书能够给予广大读者知识的启迪、实践的参照，以及观察经济社会的客观、专业的视角；也希望随着"中欧前沿观点丛书"的不断丰富，它能成为中欧知识宝库中的一道亮丽风景线。

汪泓教授

中欧国际工商学院院长

迪帕克·杰恩（Dipak Jain）教授

中欧国际工商学院欧方院长

总　序

继 2019 年 11 月首批 6 本"中欧前沿观点丛书"在中欧 25 周年庆典上亮相之后,"中欧前沿观点丛书"第二辑终于又和读者见面了。

丛书第一辑面世后,因其对中国经济社会与管理问题客观、专业的观察视角和深度解读,受到了读者的广泛关注和欢迎。对于中欧来说,"中欧前沿观点丛书"具有里程碑式的意义,它标志着中欧已从西方经典管理知识的引进者,逐渐成长为全球化时代中国管理知识的创造者和传播者。

中欧成立至今还未到 30 年,却已是一所亚洲领先、全球知名的商学院。尤其近几年来,中欧的课程建设屡创佳绩:MBA 课程在英国《金融时报》全球 MBA 百强榜单中连续四年稳居前十,EMBA 课程连续四年位居全球前五,2020 年更是跃居全球第二;卓越服务 EMBA 课程荣获 EFMD 课程认证体系认证;DBA 课程正式面世……在这些高质量课程的引导下，中欧的学生和校友成绩斐然：截至2021年8月，已有14家中欧校友企业进入《财富》世界500强，11位校友荣登2021福布斯中国最佳CEO榜，更让人骄傲的是，中欧校友总会因在抗疫中的优秀表现，荣获"2020中国社会企业与影响力投资论坛向光奖组委会奖"……这些成就，让我们看到了中欧的竞争力、创造力和生命力。而这一切，都与学院拥有一支卓越的国际化教授队伍密不可分。

中欧教授来自全球十多个国家和地区，国际师资占比60％。在英国《金融时报》的权威排名中，中欧师资队伍的国际化程度稳居全球前列。中欧的教授学术背景多元，研究领域广泛，学术实力强劲。在爱思唯尔"中国高被引学者"榜单"商业、管理和会计"领域，中欧教授连续六年上榜人数位居第一。在学院的学术研究与实境研究双轮驱动的鼓励下，教授们用深厚的学术修养和与时俱进的实操经验，不断结合国际前沿理论与中国实践，为全球管理知识宝库和中国管理实践贡献智慧。例如，学院打造"4＋2＋X"跨学科研究高地，挖掘跨学科研究优势；学院领衔建设的"中国工商管理国际案例库"迄今已收录2 000多篇中国主题案例，为全球管理课堂教学与管理实践助力。尤为值得注意的是，在全球面对疫情逆境、备感压力的几年间，中欧教授从各自领域出发，持续为企业复产和经济复苏建言献策。同时，在"十四五"的开局之年，中欧教授提交各类政策建言，内容涵盖宏观经济、现金流、企业风险管理、领导力、新零售等众多领域，引发广泛关注，为中国乃至全球企业管理者提供决策支持，助力全球经济的复苏。

中欧教授承担了大量的教学与研究工作，但遗憾的是，他们无暇著书立说、推销自己，因此绝大多数中欧教授都"养在深闺人未识"。这套"中欧前沿观点丛书"就意在弥补这个缺憾，让不曾上过这些教授课程的读者领略一下他们的学识和风范，同时也让上过这些教授课程的学生与校友重温一下曾经品尝过的思想佳肴。更重要的是，让中欧教授的智慧与知识突破学术与课堂的限制，传播到更多人的眼前。

作为丛书第二辑，此次依然延续第一辑的特点：首先，每本书都有足够丰富和扎实的内容，能满足读者对相应主题的知识和信息的需求；其次，虽然书稿内容都富含专业信息，但又举重若轻、深入浅出，既能窥得学术堂奥，又通俗易懂、轻松好读；最后，这些书虽由教授撰写，但都贴合当下，对现实具有指导和实践意义，而非象牙塔中的空谈阔论。我想，做到了以上三点，这套丛书就能达到我们的期望，为读者带去一些知识的补给与阅读的乐趣。聚沙成塔，汇流成河，我们也希望在未来的日子里，有更多的教授能够通过"中欧前沿观点丛书"这个平台分享思想的火花，也希望这套丛书能不断丰富，成为中欧知识宝库中一道亮丽的风景线，为中国乃至世界的经济与商业进步奉献更多中欧智慧，贡献更多积极力量！

主编　陈世敏

中欧国际工商学院会计学教授、

朱晓明会计学教席教授、案例中心主任

推荐序一
零售业数字化转型的核心：供应链

在当下中国经济转型发展中，数字化转型已成为进一步提升国家核心竞争力的重要战略。《"十四五"数字经济发展规划》明确提出迎接数字时代，加快建设数字经济。数字时代的到来和新一代数字技术的创新加速了各行业的深度渗透、融合，有力支撑了现代化经济体系的构建和经济的高质量发展，推动了生产方式、经济发展模式等深刻变革。赵先德教授的新作《零售供应链数字化创新》展示了供应链如何帮助零售业进行数字化转型。

中欧国际工商学院在短短 28 年间即成长为一所亚洲领先、世界一流的商学院，与学院拥有一支卓越的国际化教授队伍密不可分。赵先德教授作为其中一员，在自己的岗位上不断输出契合商业发展趋势、富含实践指导价值的管理知识，同时也通过学术研究成果进一步提升中欧的学术卓越性和国际影响力。

中欧领衔创建的中国工商管理国际案例库，与哈佛案例库、毅伟案例库等世界知名案例库都建立了合作关系，已收录中国主题案例 2 000 多篇，服务我国 30 余所院校及学生，使用频次达 42 万人次，助推全国商科学校案例教育的发展，讲好中国故事，传播中国案例，为全球管理知识宝库持续贡献中国智慧。赵先德教授的多篇案例收录其中，还有不少案例入选哈佛案例库。赵先德教授的这本书也是贴近中国故事，传播中国案例，其中写到的多家案例企业如京东、苏宁、韩都衣舍都是我们的校友企业。

与此同时，赵先德教授的这本书还包含新冠肺炎疫情这个特殊情景之下的零售供应链的实践。我们都知道，在这个特殊的背景下，要想持续保持经济的旺盛生命力，企业的人流、现金流、物流要动起来。企业员工要安全有序地流动起来。物流也一定要打通，否则产业上下游都面临困难。受疫情影响，国内多个产业的供应链都经受了不同程度的冲击，上下游关联环节受到挫伤，对产业链供应链安全稳定造成较大影响。赵先德教授在书中总结了六点零售企业在这个背景下的创新实践，同时提出企业需要打造 3R 供应链来应对未来的各种不确定事件。

一方面，数字化带来了社会治理方式的深刻变化，成为推进国家治理体系和治理能力现代化最有力的支撑；另一方面，在数字化推进过程中，数字化应用场景和产业生态不断重构，企业也面临重大的战略变革。除了借助数字化大幅提高生产效率，企业还应不断提高供应链的整合与创新能力，推动供应链上下游乃至全产业链的协同转型升级。

中欧国际工商学院院长

管理学教授

享受国务院特殊津贴

推荐序二
拼抢数字经济时代全球供应链的话语权

当今世界正经历百年未有之大变局，新一代信息技术创新应用正引领新一轮科技革命和产业变革。在数字经济时代，对于管理界来说，仍然是以价值为导向，而数字技术给生产运营、供应链管理、组织结构、商业模式都带来了根本性的变化与革新，如大数据、云计算、物联网、移动互联网、人工智能的结合带来了高端的智能制造、智能服务、智慧家居、智慧城市等具体场景的应用。我有幸接受赵先德教授的邀请，推荐他的新书《零售供应链数字化创新》，这本书正是从供应链的角度探讨零售企业的数字化创新，彰显了我国企业在数字经济时代抢占供应链话语权的重要性，也提出了不少建设性的建议。

在过去几十年的学术研究生涯中，我的研究领域涉及管理科学与工程、工商管理以及金属矿产资源开发利用、资源节约型和环境友好型工程建设、中小企业融资，这种跨学科的背景使我后来在专业领域可以更好地将信息决策管理有机结合。近些年，我在研究数字经济、区块链、元宇宙的过程中与赵先德教授有过多次交流。我了解到，在数字经济时代，企业供应链的能力是企业竞争力中不可或缺的重要因素。然而，很多企业高管对供应链的理解并不深入，认为供应链的问题只是局限于某些运营环节。

我常说学者不能单纯在书斋里做学问，而是要把学问与国家的改革开放紧密契合，要把理论和实践结合起来，推动经济社会的发展，这样才会有价值、有成果。就像习总书记讲的，要把论文写在中国的大地上。这在赵先德教授的这本新书中得到了很好的体现。书中不仅从供应链的理论角度讨论了零售供应链的参与者、遇到的问题与挑战以及在数字经济时代以及面对突发情况如何打造 3R 供应链，赵先德教授还调研了多家中国企业，例如韩都衣舍、京东、苏宁、盒马鲜生等，通过企业案例来进一步展示理论是如何实践的。

我相信赵先德教授的这本新作给每位读者都能带来启发与思考。对于学者来说，如何很好地将研究与实际相结合是一辈子的课题，赵先德教授的这本书很好地展示了理论知识如何应用到企业案例中，企业又是如何借助理论知识指导实践；对于从业者来说，他们将会对供应链有新的认识，在管理供应链的同时能够思虑得更为全面，书中也

有优秀企业实践案例可供参考。同时我也相信，我国的零
售企业也将通过数字技术的运用不断创新，在数字经济时
代的全球供应链中获得更多话语权！

中国工程院院士

湖南工商大学党委书记

推荐序三
数字时代的"3R供应链"

2020年新冠肺炎疫情以来，供应链中断（包括各种供给端和需求端的中断）问题屡屡发生，供应链中断已经成为当前企业和社会所面临的有关供应链管理的主要挑战之一。在2020年疫情期间，湿巾甚至厕纸等很多产品一度供应紧张。许多人将其归因于牛鞭效应或供应商工厂关闭。而在这背后，到底什么是引起供应链中断的根本原因？赵先德教授的新书《零售供应链数字化创新》正是从供应链的角度，探讨零售行业的创新，更有基于疫情这一背景的专题讨论，可谓正当其时，适得其势。

过去数十年间，很多高管并没有给予供应链管理足够的重视，只是将其视为运营层面的问题。如今，供应链中断驱动我们反思，更多高管开始从战略层面重新审视供应链对于企业建立可持续竞争优势的作用，企业的供应链管理应该建立全局观，不应该一叶障目，只看到供应链的某些环节的问题（如原料供应、制造、物流、包装、客户服务等），而是应该从全局掌控供应链的动态，只有建立了整

个供应链系统层面的柔性能力，才有余力及时响应和做出
调整，应对供应链中断问题。

赵先德教授的新书中提到了打造"3R供应链"应对供
应链的中断，也就是企业需要同时具备快速响应（respon-
sive）和弹性（resilient）两方面的能力，此外，还要能够
重新设计/配置供应链，以满足风险事件发生/结束后的新
需求，即可再生性（regenerative）。企业的供应链能够在客
户和市场需求出现急剧波动时，通过快速和准确的反应来
满足这些需求；同时在外部灾害冲击面前能够最大限度地
保障运作的延续性，快速恢复因灾害导致的某些中断，同
时还能够重新设计供应链满足新的需求。许多成功的供应
链案例显示，要提升供应链的快速响应和弹性能力，企业
需要建立五种重要的能力模块，分别是供应链速度
（speed）、供应链柔性（flexibility）、供应链应急计划与管理
（contingency planning and management）、供应链可视化
（visibility）和供应链协同（collaboration）。

在疫情之前，供应链创新追求的是更低的成本和更高
的效率，但是疫情让我们认识到供应链需要提升响应能力、
弹性能力、供应链恢复/可再生能力。尽管企业和实践者倾
向于针对具体问题寻求具体解决方案，但作为运营管理领

域的学者，应该从系统、全面的视角分析供应链中断问题。供应链的问题都是牵一发而动全身的，片面视角是不可取的。我们作为学者要有全局观，看到事件之间的相互影响，提供更为全面和智慧的解决之道。同时我们也需要越来越多地以跨行业的视角思考供应链管理的问题，而不应该仅仅聚焦某一个行业。希望读到这部著作的读者能够对数字时代的零售供应链有更深入的理解，我相信本书将会有力推动中国零售企业的供应链创新实践，我也坚信中国企业定会为世界的供应链管理带来引领性、颠覆性的创新。

需求链理念、牛鞭效应及3A供应链理论首创者

美国国家工程院院士

斯坦福大学商学院终身教授

推荐序四
未来的供应链是需求驱动的供应链

　　当前的零售行业，用户需求越来越多端化、碎片化，广大商家面临着全新的市场、机遇和挑战。如何快速抓住用户需求推出新品，降低制造和供应链的成本，并改善消费体验是大家都在思考的问题。我认为未来的供应链是需求驱动、开放协同和敏捷响应的供应链。而加强用户需求的洞察能力，扩大供应链协作节点的广度与深度，优化供应链协作节点之间的联动效率，从不确定中寻找确定性，才能提升整体供应链的效率和敏捷性。

　　京东经过 20 多年的积累，打造了国内规模最大而且最复杂的自营零售供应链体系。服务 5.8 亿多活跃用户，自营商品超 1 000 万个 SKU，运营约 1 400 个仓库，并在 2022 年第一季度把库存周转控制在 30.2 天。需求驱动能力上，京东新品反向定制平台基于海量用户数据，通过机器学习算法，深度洞察用户需求，帮助品牌商挖掘具有潜力的细分市场，打造新品爆款。开放协同能力上，京东基于零售供应链的能力沉淀，通过数据开放、流程开放、能力开放的方式协同相关产业的上下游价值链，实现产业价值链之间的同频共振。敏捷响应能力上，京东通过数字流程、数据联动、智能决策的手段，结合大数据技术和人工智能算法，驱动业务流程自动化、智能化，提升了供应链执行效率和决策效率。

基于过往的实践经验，我总结了需求驱动的供应链效率理论框架：提升供应链效率和敏捷性，一是要加强用户需求的洞察能力，不确定性是供应链的最大难题，加强需求洞察能力，洞察趋势变化，从不确定中寻找确定性，可以有效降低需求波动带来的影响；二是扩大供应链协作节点的广度与深度，当不确定事件突发时，能够联动最多的合作伙伴、通过深入的协同来应用这种突变场景，甚至将这种变化转化为市场机会带来新的增长；三是优化供应链协作节点之间的联动效率，不确定性对供应链的基本要求就是快速反应，整个链条的快速反应，需要每个节点之间的联动效率来进行保障。

感谢赵先德教授的邀请，让我有机会在此与各位分享对供应链的一些看法。我发现我在实践中的想法与赵先德教授本书中提到的 PDA 供应链不谋而合，而本书中还有专门的章节讲述了什么是 C2M，以及京东是如何通过用户需求的驱动来实现反向定制的。赵先德教授的这本著作也给了我很多启发，让我获益良多。随着数字时代的到来，各行各业都加大对数字技术的投入，供应链也在发生变革。多年来，京东坚持"以实助实"，通过扎实的基础设施，高效的数智化社会供应链，创新的人工智能、云计算等技术服务能力，为实体企业的供应链数字化转型升级提供了有力支撑和可借鉴的经验。未来，京东的数智化社会供应链能力将持续全面开放，为多元生态合作伙伴提供完整的数字化、智能化的解决方案，助力成熟品牌持续创新，新锐品牌拓展市场，产业白牌实现数智化升级。

京东集团副总裁
京东零售平台业务中心负责人
智能供应链 Y 业务部前负责人

目　录

引　子

2021 年 11 月 12 日凌晨，"双十一"消费狂欢落幕，这次购物狂欢节与往常一样，也有点不一样。这一年没有了"双十一"喜报式实时成交额，各大电商平台的战绩也在结束后姗姗来迟：天猫"双十一"总交易额定格在 5 403 亿元，京东"双十一"累计下单金额超 3 491 亿元。[①] 根据中商情报网的数据，2021 年"双十一"全网交易额为 9 651.2 亿元，同比增长 12.22%。这看似不错的增长率的背后却是"双十一"的落寞。对比 2016—2021 年的全网交易额，同比增长率分别为 43.9%，66.9%，31.8%，51.7%，43.3%，12.2%。[②] 各大媒体记者开始为"双十一"这一现象担忧，更是有"'双十一'狂欢的落寞究竟是谁造成的""谁杀死了'双十一'"这类思考。

那么为何会出现增长速度的快速下滑？"双十一"这个购物狂欢节一开始就是商家为扩大消费群体而创造的。历年来在商家的宣传促销下，购物需求已经得到极

---

① 双 11 最终成交额出炉：天猫 5 403 亿，京东 3 491 亿 . （2021 - 11 - 12）[2022 - 05 - 18]. https://www. 163. com/dy/article/GOLLATQL051481US. html.

② 2021 年"双十一"全网交易额超 9 600 亿 当日包裹数达 11.58 亿 . （2021 - 11 - 12）[2022 - 05 - 18]. https://www. askci. com/news/chanye/20211112/0922061655157. shtml.

大释放，消费群体逐渐达到高点。作为消费者，在经历了一年又一年的商家套路后，也逐渐变得理性。当市场进入存量阶段，电商获客成本增加，即便是巨头获得新增用户也需要付出很高的成本，中小商家则更甚。

然而，2021年的"双十一"就没有任何亮点可言吗？我认为并非如此，我们仍然可以在各个方面进行创新。

根据中商情报网的数据，2021年"双十一"当日全网包裹数达11.58亿个，相较2020年的13.25亿个、2019年的16.57亿个确实少了很多。这一方面说明了"双十一"当天的热度有所降低，另一方面也和近两年的预售模式有关。大部分平台早在10月20日就开始了对促销商品的预售。预售模式最直观的优点，便是让商家及时了解"双十一"能卖什么货，这样才能合理备货，同时也在一定程度上缓解了资金周转问题。之前每逢"双十一"，各家快递公司均会"爆单"，也就是积压巨量的包裹，无法按时将货物送达消费者。由于快递公司无法及时预知订单数量究竟有多庞大，因此也无法及时调整相应的快递资源。但是有了预售模式后，快递公司就可以提前预测订单规模，从而提前进行资源调度。

例如，京东物流在"双十一"期间推出了包括高精预测、预售商品前置、仓单质押、智能大脑等运营举措。比如针对热销商品推出的预售商品前置功能，可通过购买预测，在消费者下单前将商品提前部署到其附近的配送站点。2021 年 10 月 31 日晚 8 点刚过，京东小哥就将消费者吴先生在京东网购的蔬菜和牛羊肉送抵甘肃兰州封闭社区，成为该年最特殊的京东"双十一"第一单。菜鸟首次推出"预售极速达"模式，在缩短商品与消费者距离的同时，将仓配压力分散至每个社区，帮助解决"最后 100 米"的难题。在"双十一"期间，菜鸟把部分预售商品提前配送到社区，消费者支付尾款后可以立即收货。①

各大平台的另一大创新就是直播带货。2021 年淘宝方面的数据显示，10 月 20 日下午两点半开始，排名第一的直播间累计成交额达到了 106 亿元；而排名第二的直播间的销售额也达到了 82 亿元，两个团队加起来一个晚上的成交额超过 180 亿元。据不完全统计，在整

---

① 机器人搬货、无人分拣、打包员转岗晋升……"双 11"背后的供应链升级战. 半岛都市报，2021 - 11 - 04.

个"双十一"期间，两大主播的销售额约占整个平台交易额的 20%。[①] 直播带货引爆产品销售背后的考验是什么？这其实是对电商整个供应链的考验，由于主播及其团队在与生产厂家进行对接时，无法掌控库存、物流、售后等环节，因此很容易出现诸如商品备货不足、订单量暴增、商家在规定时限内发不出货等一系列问题。

其实，"双十一"这一现象很好地显示了消费者对购物方式的选择与消费者对产品的选择变得同样重要。由于消费者越来越倾向于选择能够提高购物体验的渠道进行购物，因此各大电商平台都在努力提高供应链的效率及改善客户的体验，以在市场上获得竞争优势。自 2016 年阿里巴巴集团提出"新零售"概念以来，互联网平台的零售战便已拉开帷幕。京东创始人刘强东强调，在第四次零售革命下，基础设施将变得可塑化、智能化、协同化，实现成本、效率和体验的升级，并提出了"无界零售"。[②] 小米创始人雷军说："新零售

---

① 突破双十一供应链天花板，需要重构新的电商增长公式．(2021-11-11) [2022-05-18]. https://36kr.com/p/1480413078723848.

② 刘强东：人工智能驱动第四次零售革命．华夏时报，2017-07-28.

就是更高效率的零售。我们要从线上回到线下，但不是原路返回，而是要用互联网的工具和方法，提升传统零售的效率，实现融合。"

2017 年 9 月，商务部给新零售下了定义："新零售是以消费者体验为中心，以行业降本增效为目的，以技术创新为驱动的要素全面更新的零售。"

从供应链的角度来看，我认为零售不分"新"和"旧"，如今零售供应链是在进行一次数字化的转型升级，是在互联网的基础上通过对大数据分析和人工智能等先进技术的应用，强化对消费者需求的洞察和挖掘；是对线上线下全渠道销售过程进行升级改造，对线上服务、线下体验进行深度融合，进而重塑业态结构与生态圈。这是零售供应链的一次创新变革。

其实，不论是何种商品的零售，都要站在整个供应链的角度，设法提升效率，建立更为柔性、敏捷的供应链系统。这也是供应链数字化的核心目的。如果从"人货场"的角度来看"双十一"增长放缓这一现象，流量端的峰值其实是"人"的峰值，那么可以围绕"货"来做更深层次的挖掘。这是目前电商供应链需要继续突破的难点。

　　除此之外，我还想探讨新冠肺炎疫情给新零售带来的挑战与机会。在这场战"疫"中，首当其冲的则是物流的中断。疫情期间，物流已不仅仅是配送物资的渠道，更是国家供应链的基础设施。在武汉封城期间，医疗物资紧缺，生活物资的供应也相对紧张。在这种情况下，首先要确保最紧急的物资最快送到，其次要确保有限运力资源、有限路权的最大化利用。尽管如此困难，京东物流、顺丰，还有其他一些物流企业仍在坚守着"物资运输生命线"：纷纷开通海内外驰援的绿色通道，成立物流援助物资保障小组，甚至义务运输。国家邮政局也建议，公众如在春节期间有寄往武汉的邮件快件需求，可优先选用京东物流、中国邮政、顺丰三家品牌企业的邮政快递服务。

　　在此次新冠肺炎疫情中，我们看到，正是这些企业此前积累的供应链物流能力，帮助企业快速打造了从供给到物流交付的全链条解决方案，从而保障了应急物资运输以及居民生活。这些供应链能力涉及物资产能、库存、调拨、分配和上下游的信息共享与协同合作，同时也更加考验技术的应用、基础设施以及统筹能力。

从上述两个特殊事件中我们可以看到，供应链在其中扮演了非常重要的角色，即新零售背后的创新需要数字化供应链的支持，疫情下的快速响应需要供应链上下游的协同合作。其实，供应链在每个行业的发展中都是不可或缺的。在零售行业，不同的企业也在进行不同环节的创新，例如，产品的研发、生产、仓储、物流等环节的创新，零售渠道线上线下的结合，以及在这些过程中大数据与数字技术的应用创新。这也是我撰写本书的原因，只有从供应链的角度来看新零售，才能窥探其本质。

本书的第一章以供应链视角来看零售行业的变革，剖析传统零售供应链的问题与挑战，探讨新零售与传统零售的区别：从推式供应链到拉式供应链的发展。第二章提出数字时代对供应链管理能力的新要求，即PDA（Pull，Digital，Agile）供应链，并通过案例展示如何建设好拉式供应链与敏捷供应链。第三章落到实际操作层面，讨论如何利用数字技术打造数字化供应链，如何利用大数据来帮助企业进行决策优化。第四章关注全渠道供应链与流程再造，总结全渠道供应链的特征，以及如何通过流程再造进行全渠道供应链的设计。第五章探讨消费互联网与产业互联网融合产生的 C2M 模式。第六章是本书的特别章节，讨论在新冠肺炎疫情下零售供应链的创新，包括疫情期间的零售行业的问题与挑战，以及如何通过零售供应链六大环节的创新来应对此次危机，打造 3R（Responsive，Resilient，Regenerative）供应链。本书的最后一章则更进一步，探讨供应链发展的四个阶段，以及如何通过流程的创新、供应链的创新来打造基于生态圈的新商业模式。最后，阐明在数字化的时代，零售行业的转型升级是一个漫长的过程，企业只有每一步都脚踏实地才能取得成功！

第一章

供应链视角下的零售变革

什么是供应链

供应链管理诞生于 20 世纪 90 年代中期，其前身是物流管理，即把物资从一地运输到另一地。随着 20 世纪 90 年代初开始的全球化，大型制造企业在全球多个国家设立子公司，在全球范围内布局其研发中心，在全球设厂并进行全球运输。由此，全球供应链管理开始在跨国公司盛行起来。学术界也认真加以研究，总结出了供应链的定义，即从原材料的获得、将原材料制成中间产品和最终产品，并将产品送到用户手中所涉及的多个企业和企业部门组成的网络。

供应链中通常伴随着物流、信息流（物体流动信息）、资金流（流动中物的数量，特别是"物"的所有权的变更，往往伴随着资金的进出的变动）（见图 1-1）。所以，学术界对于供应链的定义将过去的"物流"扩充为"物流、信息流、资金流"。供应链管理是以物流为中心，包括围绕物流的信息流、资金流的管理。供应链管理的目的是提高效率，即以最低的成本，及时将物品从产地或仓库运送到目的地。这一管理目的也是大多数企业所设置的供应链管理部门的职责。

图 1-1　供应链中的"物流、信息流、资金流"
资料来源：刘宝红．采购与供应链管理：一个实践者的角度．3 版．北京：机械工业出版社，2019：46.

2017 年 10 月 13 日，国务院办公厅在其发布的《关于积极推进供应链创新与应用的指导意见》中指出："供应链是以客户需求为导向，以提高质量和效率为目标，以整合资源为手段，实现产品设计、采购、生产、销售、服务等全过程的高效协同的组织形态。"

这一定义对供应链管理做了延伸，即供应链管理是供应链中上下游企业之间的竞争与合作关系的管理。供应链管理实质上是遍布各个行业、跨不同功能部门、跨不同组织的管理。这一定义强调的是产品设计、采购、生产、销售、服务全过程的高效协同。也就是说，供应链管的不只是采购，不只是物流，而是从顾客需求出发，将顾客的需求转化成设计，基于设计做采购、生产、销售、服务。供应链管理需要从全流程把控，关注物流如何设计、信息流如何打通、资金流如何优化与控制，因为这些环节中不同的工作往往是由不同的组织来完成，所以需要协调不同的参与方，整合多种资源。

供应链的概念最先是针对大型制造企业提出的，供应链也一直以制造业者为主导，然而随着供应链中不同角色之间的边界越来越模糊，零售商所涉及的范围也越来越广泛。在下一小节中，我们将详细讨论零售供应链的特征及发展阶段。

零售供应链的特征及发展阶段

随着卖方市场慢慢转化为买方市场，企业在经营过程中所面临的环境有了巨大变化。由于零售企业具有直面市场、直面消费者的特征，其在供应链中的角色逐渐被重视，因此在供应链中的话语权也越来越大。

现在让我们简要回顾我国零售业的发展历程。随着技术的变革和消费趋势的变化，我国的零售业主要经历了以下四个发展阶段。

第一阶段是计划经济时期（20世纪80年代）。在这一阶段，零售的一个重要功能是控制物资的分配，一切都是按照国家计划分配执行。每类商品都有配额，由省供销社、省粮食局等（改革开放后是省粮油公司、省纺织品公司、省进出口公司等）去参加省市的各类订货会议。订货会上签约完成后，各家厂商回去生产，然后将产品运送到目的地。这时候的零售供应链供给端大多聚集在北京、上海、广州这些直辖市、省会城市及大城市，供应链的响应速度非常慢，从订货会到收到采购的商品往往需要很长的周期。在这个时期，供应链主要是由分销商按照额定的配额向生产商订货，再由生产商根据订货需求向上游供应商采购原材料，安排生产，再逐级将产品运送出去，最后到达零售商和消费者的手中。

这种情况直到20世纪90年代国美和苏宁这类以分销为主导的企业出现才得到革命性的颠覆，我们称之为第二阶段。它们直接从厂家拿货，然后把门店开到消费者家门口，缩短了供应链的长度。这些门店覆盖到的地区的消费者都能享受到省会城市甚至北上广的购物机会和条件，这实际上也就打破了计划经济框架下的行政区域划分管理以及与之配套的商品流通体系模式的限制和约束。这时，供应链中采购环节的效率提升了，但是门店所需要的场地成本、库存成本还都非常高。在此基础上，零售业进一步发展为门店摆放样品，用户下单后，由集中的仓储和物流系统统一配送。在这一阶段，各大品牌商不断地扩张门店，以销售为主导，逐级向门店下达销售任务，将货物铺向全国。在这种情况下，零售商向上游分销商、分销商向上游制造商、制造商向上游供应商，都只是传递订货量的信息，订单波动性也逐级放大，需求信息被扭曲且难以预测，这就是著名的"长鞭效应"。

这一时期只是在原有供应链的基础上缩短了从分销到零售这一环节，提高了供应链局部的效率。由于这种传统零售供应链模式的核心竞争策略是如何将产品成功"推销"给消费者，因此其品牌知名度和渠道的丰富程度极为重要，因为只有这样才能覆盖并吸引更多的消费者以实现销售。在传统零售供应链中，产品是通过层层分销、层层批发、层层采购之后才到商超，最后到消费者手中。零售企业的扩张战略就是开更多的连锁经营店，通过更多的店铺完成商品的交易，从而带来更多利润。在这种模式下，每个品类的进货量和物流处理量大大提高，形成规模化，企业则可以通过集中化的物流管理来实现降低单位产品的经营成本的目的。

然而在这个过程中，零售企业并没有统计相关的数据（例如，消费者是哪些群体；消费者购买了哪些种类的产品，浏览了哪些产品却并没有购买；购买和没有购买的原因是什么），从而进一步分析哪些产品是畅销品，哪些产品是滞销品，畅销和滞销的原因是什么。这样的分析能进一步指导零售企业应该采购什么样的商品，然后将客户的需求逐级传递到供应链的上游。

第三阶段是 2000—2014 年。其中 2000—2009 年 3G 网络普及之前的连锁经营时代。在这一阶段，消费者从温饱型消费过渡到发展型消费，民营和外资企业大量进入零售供应链，信息化管理逐渐普及，商家开始收集用户数据，推行会员制度，发展电子商务。2010—2014 年，电子商务的发展越来越成熟，消费者可以通过互联网来进行商品的浏览、选择、下单，不再需要跑到大型商超去购买，这对传统零售业造成了巨大的打击。传统的零售企业往往都有自己的服务辐射半径和相对稳定的客群，然而互联网的出现使传统零售的区域地理边界被打破。由于传统零售企业长期注重经营流通渠道、终端平台，而不是商品和服务本身，因而不能真正了解市场需求。此外，传统零售商大多通过以租赁形式将场地分包给不同的品牌商收取入场费和联营返点来赚钱。所以随着房地产租金的增长，大型传统零售企业的门店盈利越来越困难。

直到2015年，随着线上流量红利的逐渐消退，互联网公司开始到线下"跑马圈地"，线上线下的界限越来越模糊。消费者也开始更加重视消费体验，线上线下融合、物联网、区块链、大数据、人工智能（AI）等技术开始大量在零售行业中应用，零售业朝着数字、互联、智能化的方向发展，逐渐进入了第四阶段数字化零售的时代。此时，供应链中的零售企业依靠知识与创新能力取得了主导地位，开始由零售商带领供应链上的其他企业，一起从消费者的需求出发，通过先进技术的运用，更准确高效地满足用户的需求，把整个供应链中省下来的利益转移给消费者，从而达成整个供应链参与者的"共赢"。因此，越来越多的零售商采取构筑一条以自己为领导者的供应链的策略。

零售供应链应是以零售商为主导，研究如何给消费者提供合适的产品和服务，满足他们的需求；同时零售商要组织协调上游的供应商、生产商、分销商，使得一方面能够给客户提供所需要的产品，另一方面降低成本，保证质量。然而在传统零售业的供应链管理中，生产企业往往扮演很重要的角色。生产企业通过大批量地生产实现规模效益，然后通过销售渠道逐级分配，在这种传统的零售供应链中，参与方通常有供应商、生产商、分销商、零售商、消费者（见图1-2）。而且，以生产商为主导的模式下，产品通常需要多级分销，层层传递，才到零售商，最后到达消费者。

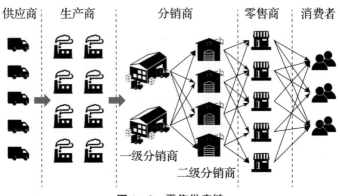

图1-2　零售供应链

在零售供应链数字化创新的背景下，面对不同的客户、不同的场景、不同时段的需求，我们如何做到及时有效地满足需求呢？这就是零售供应链管理中需要思考的：确定自己有哪些资源能力，判断在整个供应链中应该扮演什么角色，选择什么样的伙伴，根据自身的情况，去整合其他企业的资源，与其他企业合作，最后将供应链的各个环节有效地整合起来，通过高效的协同，为最终用户提供高质量的产品和服务。

从供应链的角度看新零售与传统零售的区别

在数字化零售背景下，德勤联合中国连锁经营协会对领袖峰会成员企业进行调查，通过调查300余家企业，探讨零售业面临的最大挑战是什么，得到以下结果（见图1-3）。

调查显示，零售企业管理者对于企业供应链管理的现状并不满意，因此将供应链管理列为零售转型的最大挑战。

零售企业之所以将供应链管理列为零售转型的最大挑战，是因为随着新零售时代的到来，零售供应链

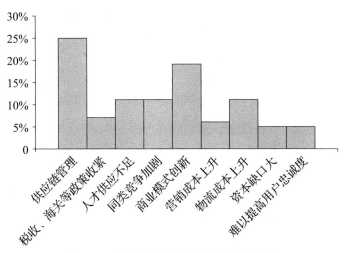

图1-3 新零售时代传统企业面临的挑战
资料来源：德勤.

开始从推式供应链向拉式供应链发展，这也是新零售与传统零售最大的区别之一。上一小节中我们提到零售企业的地位是在不断变化的，从供应链的角度看，其实就是推式供应链向拉式供应链的发展导致了这种变化。

推拉供应链的概念来源于制造业，是按照供应链的驱动方式来划分的。

推式供应链（Push Supply Chain）是以制造商为核心，在需求预测的基础上，并在客户订货前进行产品生产，产品生产出来后从分销商逐级推向顾客。面向库存的推动式生产，比较适合需求不确定性比较低的情况，可以通过大规模标准化的生产来提高规模效益，从而降低单件产品成本并提高利润。例如汽油、牙膏等功能型产品。在推动式的情况下，供应链中的分销商和零售商处于被动接受的地位，它们只能接收上游生产的产品，而消费者也并不一定能选购到符合自己想法的商品。供应链中企业间信息沟通少、协调性差、提前期长、快速响应市场的能力弱、库存量大。

拉式供应链（Pull Supply Chain）是指消费者导向或需求导向的供应链，即销售订单启动补货要求，制造商再快速生产，并实现快速补货。许多创新和时尚型产品，比如汽车、手机等，往往采用拉动式生产，丰田生产模式"准时生产"（Just in Time）就是拉动式生产。这种生产模式以消费端的客户需求为中心，以销售商为驱动源，通过尽可能地提高生产和需求的协调一致性，减少供应链上的库存积压，从而降低供应链的总成本，同时更好地满足用户的需求来获得竞争优势。

随着消费者需求逐渐个体化、个性化，传统的推式供应链体系不能帮助企业及时、正确地满足消费者的需求。推式供应链体系只是把厂商能够生产出的产品推销给消费者，而不考虑消费者是否真的需要。在消费者不接受时，任何交易都不会带来效益。因此，企业要思考消费者的想法，并了解消费者生活方式的变化趋势，从而发掘或创造消费者真正的需求。而零售商可以凭借在供应链上离消费者最近的优势，最先了解消费者最新的需求信息；也可以根据消费者的需求信息开发受人们欢迎的产品，通过与供应链上其他企业的合作以及先进技术的采用满足消费者的需要。

推动式生产有库存风险，但单纯的拉动式生产也并不完美：订单有了，虽然没有库存风险，但是因为要货急，供应风险大增。所以，几乎所有的供应链都是推拉结合，那推与拉的结合点应该设在哪里？在零售供应链中，销售门店离消费者最近，最方便获取消费者的信息，因而可以尽量从消费者的需求和偏好出发，收集信息传递到上游，再通过多个渠道的数据收集、分析消费者的需求，传递到上游生产商，进而由生产商开发出消费者真正需要的产品。数字时代的零售行业面临更多个性化的需求，更多的购物渠道、购物场景，如果要做到及时准确地满足消费者需求，就要尽量将供应链做到以消费者需求为驱动的拉式供

应链。在零售行业，推式供应链和拉式供应链可总结
如下（见图 1-4）：在零售推式供应链中，是由生产
量及生产商的分销结构来驱动零售商的供应链结构，
从而影响零售门店的订货频率，这也就决定了消费者
对商品的可获得性最终影响销售额和消费者的满意度；
而零售拉式供应链则是从消费者的需求和偏好出发，
由全渠道的零售终端收集相关数据传递到零售商，继
而由零售商进行数据整合分析，并提供给生产商，生
产商掌握消费者需求信息并据此进行产品开发或迭代，
由数据结果来驱动生产商的生产。

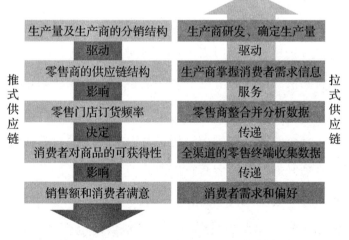

图 1-4 推式供应链和拉式供应链的对比

需求驱动的零售供应链创新案例：7-Eleven 的拉面开发[①]

7-Eleven 起源于美国。7-Eleven 连锁便利店曾既是美国家喻户晓的"能买到香烟、啤酒、汽油和彩票的'休息站'"，同时也是青少年放学后经常光顾的地方。但 7-Eleven 真正崛起并闻名于全球却是在日本。1974 年，7-Eleven 被引入日本，起初只是在美国公司旗下的一个小特许经营商，后来一路成长为全日本收入最高的零售商。7&I 控股株式会社董事长兼 CEO 铃木敏文是其背后的关键人物，他对鲜食产品创新的库存管理技术，以及对多项技术改进的重视，指引日本 7-Eleven 公司走上了高速发展的轨道。而这一切的核心就在于铃木敏文标志性的管理体系——单品管理。

单品管理是指把握一件件商品的动向，搞清滞销或畅销的原因，在假设顾客需求及动向的基础上进行订货及备货，并通过验证结果提升顾客服务及业务品

① 该案例是根据网络资料和《制造型零售业：7-ELEVEn 的服务升级》一书总结整理的。

质的活动。单品管理的特点是以满足顾客需求为重点，各店利用店员知识和产品信息共享对货架进行管理，了解每一项产品的需求会受哪些特定情况的影响，并依据需求，实施涵盖产品采购、生产、开发和交付的循环体系。

单品管理是实现需求拉动式供应链的关键所在。根据单品管理的特点，首先企业要对客户的需求进行预测。传统的零售管理认为，过去的畅销商品在未来也会畅销。但是单品管理认为需求瞬息万变，需要根据过去需求的涨跌来对其进行预测，所以 7-Eleven 一开始便对顾客需求数据进行采集并分析。7-Eleven 最早使用 POS 数据来识别畅销单品和滞销单品，综合分析各类可能的需求影响因素；同时也会考虑影响顾客需求的宏观因素，如时间、零售环境、天气等。所收集的数据向上游传递并由上游对其进行需求分析，从而进一步指导开发新商品。后来，7-Eleven 在收银环节快速对顾客信息进行录入：

（1）年龄：老男（老女）56 岁以上、壮男（壮女）36～55 岁、中男（中女）19～35 岁、青男（青女）13～18 岁、小男（小女）12 岁以下；

（2）服务：充值、复印、代收、退货；

（3）支付方式：卡片、礼券、折扣券、折扣。

这样既能进一步丰富消费者的相关信息，也能将消费者的特点与销售订单的数据相结合。

除了前面提到的 POS 分析数据，如商品销售动向、畅销商品分析等，数据来源还包括各个门店的信息，如门店周边近期是否有活动、周边的竞争店铺信息、顾客的心声及反馈。除此之外，总部的信息也是非常重要的，这些信息包括整体的节日促销计划、货架分析设计、商品特征价格等。而这些数据是怎么相互流转的呢？有两个很重要的因素：一是 7-Eleven 特设的 OFC（Operation Field Counselor，终端门市领域的指导顾问）支援职位，即店铺经营指导员、督导；二是 7-Eleven 内部强大的信息系统。首先，OFC 需要全面掌握店铺自身收集的周边信息，公司总部系统所提供的信息，以及店铺电脑提供的 POS 分析信息。其次，OFC 一周至少需要两次来店访问，并与店铺工作人员碰头协商，以员工信息共享为目的召开会议，收集并汇总员工所观察到的数据之外的信息。最后，OFC 将相关信息传递到总部系统，共享给全公司。而在公司内部则有一套完善的信息系统，该系统将市场信息、客户信息，零售总部运营系统，以及店铺运作系统连接到一起，使得信息能够在内部快速地共享，到达各个部门。

7-Eleven 内部迅速的信息共享，为多部门合作提供了信息同步的基础，能帮助商品部门快速响应顾客需求，开发新产品。在大多数情况下，商品的开发活动大多是由制造商和商品部门二者沟通完成。7-Eleven 在协同商品开发中，能针对顾客的需求，由多个部门快速响应，开发出新的产品。图 1-5 是 7-Eleven 拉面商品的开发实例。

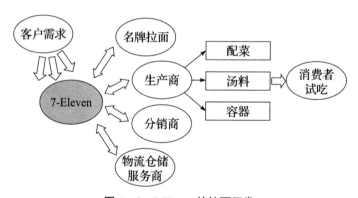

图 1-5　7-Eleven 的拉面开发
资料来源：作者根据资料整理。

普通方便面在日本的价格为 140 日元左右，经常被作为大甩卖的对象。与之相对，7-Eleven 的原创拉面定价在 248 日元。为了开发出新鲜的生面型美味拉面，7-Eleven 花费一年时间说服了像 SUMIRE、一风堂、山头火这样的拉面名店参与到商品开发的计划当中，在配菜、汤料、容器方面，也作为团队成员参加设计，从而追求与商品概念最为贴切的组合。为了提高新鲜度管理水平及压缩库存，7-Eleven 还在团队中加入了分销商和物流仓储服务商。

在拉面商品的开发过程中，7-Eleven 通过提高制造技术、库存管理、品质管理，缩短了从制造到销售完毕的时间，从而成功制造出了生面型美味拉面。7-Eleven 通过零售企业与制造企业之间的信息共享来进行商品开发的工作，打造以顾客需求拉动的供应链，2001—2002 年度的拉面销售量达到了 6 000 万件，原创商品不但销售额占总商品销售额的 55%，而且利润贡献很高，相对较高的价格也不会使其陷入价格竞争。

在这种需求拉动式供应链创新的模式获得成功后，进一步通过内部信息共享平台共享于集团企业，作为自有品牌商品的开发模板，继续在多个领域扩展。2008 年度，这种自有品牌的商品达到 800 种，创造了高达 1 800 亿日元的年销售额。这种需求拉动式供应链创新模式，共享到其他部门，从而制造出更有竞争力的商品，其实也是改变成本构造的一种尝试。与此同时，它还带来了物流改革和市场活动的规模利益，削减了促销宣传的成本。

总　结

从供应链的角度来看，零售业面临的许多问题都是因为传统零售业的供应链是以品牌商和制造商为中心的推式供应链。在供应链中不同企业间缺少信息共享和协同，从而导致不能准确、迅速地满足消费者的需求，并且产生了很多由于库存过多要减价处理及缺货所造成的成本。要解决这些问题，企业必须做好供应链的整合与创新。下一章我们将探讨数字时代的新零售所需要的供应链能力。

第二章

新零售所需要的
供应链能力

数字时代的供应链能力： PDA 供应链

数字时代零售供应链的最终目标是通过与制造商、分销商、零售商之间的协同，准确高效地共享客户的需求信息，从而实现对每件商品的资金流、信息流和物流的高效管理，降低运营成本，提高企业效益，获得更强的竞争力，同时给消费者带来更多的实惠、更好的体验。

如何实现这一目标呢？除了前面提到的打造拉式供应链（Pull Supply Chain），还需要打造数字化供应链（Digital Supply Chain）和敏捷供应链（Agile Supply Chain）两大供应链，这三者合称 PDA 供应链，如图 2-1 所示。

图 2-1　PDA 供应链

著名的供应链管理专家费希尔（Fisher）早在
1997 年就提出要以产品为中心设计供应链战略。产品
不同，产品的生命周期、多样性，需求的预测性、提
前期，以及服务的市场标准等就会不同，市场需求特
性也就不同。根据产品的不同市场需求特征，可以把
产品分为创新型产品和功能型产品。创新型产品生命
周期短，边际利润高，需求不稳定，其中有些商品季
节性很强，需求难以预测，诸如鲜货、时装、通信设
施等。功能型产品，如满足人们日常需求的大众化商
品，边际利润低，有稳定需求。①

具体而言，功能型产品一般用于满足用户的基本
需求，变化较少，具有稳定、可预测的需求和较长的
生命周期，可以通过准确的预测实现供应与需求的基
本平衡。因此，供需不匹配所造成的成本在供应链总
成本中所占比重较小，企业可以专注于物理成本以达
到供应链总成本最低。功能型产品的供应链应对供应
效率更敏感，这就要求零售商与制造商、供应商密切
合作，加快库存周转，及时补充存货，进行高效的采

---

① FISHER M L. What is the right supply chain for your product？.
HBR. March-April，1997：103 - 115.

购，以最低的价格满足预期的需求，对供应商的选择侧重于成本和质量。与功能型产品相反，许多企业在创新型产品的式样或技术上创新，以寻求消费者的购买，从而获得高的边际利润，这种创新型产品的需求就比较难预测，生命周期也较短。在这种情况下，交易成本是企业首先要考虑的因素，物流成本次之，这就需要企业及时了解市场信息，并具有快速反应的能力，对市场反应敏感。这时，零售商就要分析合理的库存量和适宜的进货量，以避免需求不确定性可能带来的损失。其对供应商的选择要侧重于供应速度、柔性和质量。

在此基础上，著名的供应链管理专家李效良教授根据产品特征及供需的不确定性，提出了基于供需不确定性的供应链战略制定四宫格，如图 2-2 所示。

高效型供应链旨在在供应链中创造最高的成本效率。要想达到这样高的效率，就要消除非增值活动，追求规模经济，优化技术，从而在生产和分销中实现最优的产能利用率；同时，还要建立信息联系以确保在供应链中实现最高效、最准确、成本效益最大的信息传输。互联网在这里的作用是让供应链无须费力即

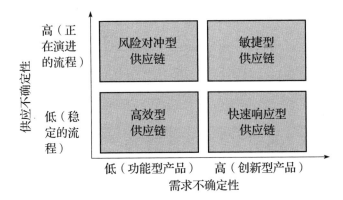

图 2-2　基于供需不确定性的供应链战略制定四宫格

资料来源：LEE H L. Aligning supply chain strategies with product un-
certainties. California Management Review，2002，44（3）：105-120.

能实现严密的信息整合，并在供应链上的需求、库存
及产能等信息透明化的前提下，促成生产及分销计划
的优化。

风险对冲型供应链旨在集合并共享供应链中的资
源，从而共担供应中断的风险，因此这是一种风险对
冲战略。供应链中的单个实体很难抵御供应中断，但
如果供应源不止一家，或者可以利用其他供应源，那
么供应中断风险就会降低。一家公司可能要提高关键
元件的安全库存水平，以对冲供应中断风险；而通过
与同样需要该元件的其他公司共享安全库存，就能分
摊安全库存的维持成本。在零售业，这种库存集合战

略非常普遍，一般由不同的零售店或经销商共享库存。而英迈公司（Ingram Micro）这样的分销商也为客户提供类似的库存集合服务。互联网在促进共享库存的供应链成员之间实现信息透明化方面起了关键作用。掌握实时库存及需求信息，就能将商品从（库存过量的）一处运往（库存短缺的）另一处，实现最大的成本效益。

快速响应型供应链旨在对客户不断变化的多元化需求做出快速、灵活的反应。为了实现快速响应，公司采用按订单生产和大批量定制化流程来满足客户的具体要求。定制化流程被设计得非常灵活，而订单准确性（即客户要求的规格十分准确）是大批量定制化流程获得成功的关键。同样，互联网又使得公司能够准确、及时地捕捉到客户高度个性化的要求，并向工厂或定制化中心快速传输订单信息，以完成产品的最终配置。

敏捷型供应链旨在对客户需求做出快速灵活的反应，同时通过库存或其他能力资源的集合来对冲供应短缺或中断的风险。从根本上，敏捷型供应链采用的战略结合了风险对冲型和快速响应型供应链的优点。

此类战略之所以敏捷，是因为其既能在前端快速响应不断变化、难以预测的多元化客户需求，同时又能在后端整合不同组织的资源，并将供应中断风险降至最低。

零售商经营的产品基本上都包含功能型和创新型产品，而面对日益个性化的消费者需求，这种组合更适合建立敏捷供应链。

用拉式供应链的思维开启由消费者需求驱动全链条的脚步，用敏捷供应链的做法来灵活配置各种资源来满足需求，用数字化供应链的工具来连接上述需求传递和资源配置过程的前后端，再由数据驱动供应链的决策优化，当企业具备了这种基于客户的需求做出快速、准确响应的供应链能力后，它会给企业带来很好的回报。

在当今的商业社会，企业有很多种方式去赢得竞争，如成本控制能力、快速响应能力、差异化的产品等。倘若能够通过合适的供应链战略来支持这些竞争战略，自然就能够帮助企业赢取订单，提高股东回报。同时，通过数字化供应链的打造，还可以节能减排，实现企业的可持续发展。

供应链上下游的整合： Zara 的拉式供应链

提及供应链做得最好的企业，大家首先就会想到 Zara。人们常常把 Zara 的风格总结为"快时尚"。 Zara 的"快时尚"供应链到底是怎么做的呢？ Zara 做到了精准控制整个供应链闭环，通过高度的供应链整合提高反应速度，降低库存和总体成本。

作为一个时尚品牌，Zara 非常注重设计。Zara 始终关注时装的趋势和风格，调整自身设计，迎合消费者当前的风格和期望。这些潮流的设计来源于 Zara 对消费者需求的坚持，即充分了解客户的需求。Zara 在全球最繁华的地方开店，销售人员的主要任务不是推销，而是观察消费者的购买行为，并把这些数据传输到总部。Zara 专门设有市场专家跟每个店里的销售人员进行沟通，以收集数据。之后将数据汇总到公司总部，设计师、产品专家、市场专家经过共同探讨，选择不同的设计方案，再汇聚生产、采购团队的思想，形成最终的方案设计。

在采购和生产方面，Zara 采取的方法也与竞争对手截然不同。Zara 的生产系统不以节约成本为重，而以保持灵活度为先，把握需求，快速反应，以确保缩短提前期。Zara 的设计在总部完成之后迅速启动制造，制造出来的成品通过自动传送带传输至物流中心，再通过卡车和飞机运送到店铺。

Zara 拥有 3 个物流中心，全部设在西班牙。位于拉科鲁尼亚的阿尔特依索中心服务于西班牙、葡萄牙、美国和中东。位于马德里的萨拉戈萨中心服务于欧洲其他地区以及亚洲。同样位于马德里的梅科中心负责管理 Zara 所有门店的童装。所有产品都需经由这 3 个物流中心发送至各个门店。

经过这一番供应链的闭环运作，Zara 做到了每周上新 2 次，是竞争对手的 3～4 倍；从订单到产品到店只需 1～3 天，是竞争对手的 1/5 左右；从概念到产品只需 10～15 天，是竞争对手的 1/10 左右；每年可设计 25 000 多个新款，是竞争对手的 4～6 倍。实际上，Zara 的生产成本高，物流配送成本也高于同行，但它为什么会赚钱？因为它做得快，做得准，约 85％的商品都能以正价卖出。这样的供应链是十分典型的拉式供应链，如图 2 - 3 所示。

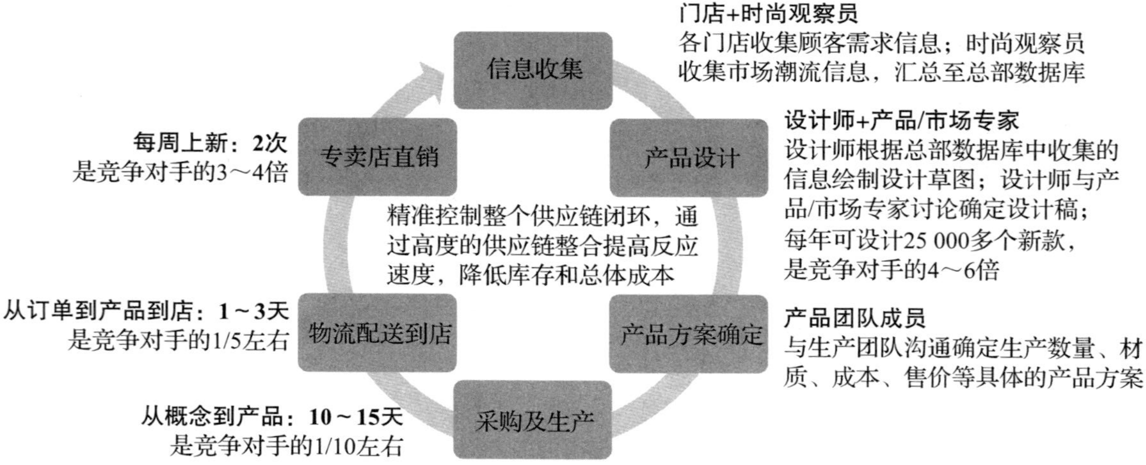

门店+时尚观察员
各门店收集顾客需求信息；时尚观察员
收集市场潮流信息，汇总至总部数据库

设计师+产品/市场专家
设计师根据总部数据库中收集的
信息绘制设计草图；设计师与产
品/市场专家讨论确定设计稿，
每年可设计25 000多个新款，
是竞争对手的4～6倍

产品团队成员
与生产团队沟通确定生产数量、材
质、成本、售价等具体的产品方案

精准控制整个供应链闭环，通
过高度的供应链整合提高反应
速度，降低库存和总体成本

每周上新：2次
是竞争对手的3～4倍

从订单到产品到店：1～3天
是竞争对手的1/5左右

从概念到产品：10～15天
是竞争对手的1/10左右

产品设计
信息收集
专卖店直销
物流配送到店
采购及生产
产品方案确定

图2-3 Zara的供应链整合

当具备基于客户的需求做出快速、准确响应的供应链能力时，企业会给你带来很好的回报。相比 Zara，中国很多服装制造商与其供应商之间欠缺沟通，供应链流程会经过品牌商、供应商、制造商、一级分销商、二级分销商、零售商、消费者。需要注意的是，供应商新产品开发失败以及产品生命周期阶段变化所导致的供应不确定性亦威胁着整条供应链的稳定。

韩都衣舍的 PDA 供应链[①]

2019 年 11 月 11 日 24 时，韩都衣舍"双十一"数字大屏在这一刻定格：集团全网交易额 4.7 亿元。这是韩都衣舍连续第六年跻身女装品类交易额前十。这个创立于 2006 年的品牌，起初主要在网上从事服装、化妆品、母婴用品、汽车用品的韩国代购。由于只靠电商很难赚钱，2008 年该公司开始设计自己的服装，并创立韩风快时尚女装品牌 HSTYLE，由此开启了高速发展的大幕。这背后的关键在于韩都衣舍不断探索"互联网＋供应链"的

---

① 　该案例根据赵先德、王良、王骊静撰写的《韩都衣舍：从淘品牌到互联网品牌孵化平台》案例及网络资料总结、编写。

模式，打造自身的供应链能力，践行 PDA 供应链。

在前端，设计师在网上收集目标消费人群的喜好，将相关数据通过系统分享，以客户需求为导向进行选款设计。

在后端，公司通过对供应链网络的管理，将多款、多批、小量的订单由合适的代工厂快速生产，以满足客户需求。至于前后端的连接，则是通过数据驱动的敏捷型供应链系统与"爆旺平滞"决策模型，对每一款单品的生命周期进行数据化、精细化管理，并对订单和产能进行精细化匹配。全流程管理的背后是业务运营支持系统（Business & Operation Support System，BOSS）的升级版，它也是韩都衣舍最新的商业智能（Business Intelligence，BI）系统，如图 2-4 所示。

该系统从客户需求出发，囊括了选款、采购、生产、上架、购买、配送、售后等全流程的供应链管理，各个环节的支持系统在原来的基础上拓宽、打通，形成了全流程的供应链管理系统。而且，生产、运作、销售的数据在该系统中都有所积累，在未来，基于已有的数据能进一步地进行客户需求分析、提高生产运营效率、优化物流配送等。

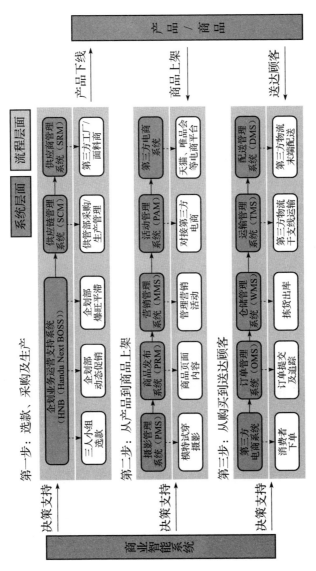

图2-4　韩都衣舍的商业智能系统

在从大批量高效型供应链向敏捷型供应链的转变中，韩都衣舍依靠数字技术的力量完成了转型升级。目前，在产品款式上，韩都衣舍平均每天上新近 100 款，新品款式是传统服装企业的 20 倍以上；在订单批量上，每款订单数量只有 50～1 000 件，平均订单批量只有传统服装企业的不到 1/10；在响应速度上，从设计到上线只有 30 天，并且从设计到可售的时间只有传统服装企业的不到 1/3。

韩都衣舍通过小组制的组织改革实现了拉式供应链。韩都衣舍将传统的直线职能制打散、重组，每个小组包括一名设计师、一名负责网页设计及宣传的营销专员、一名负责对接供应商和下订单的货品管理专员。这些产品小组相当于韩都衣舍内部的"小微公司"：独立运营、独立核算，初始资金使用额度是 2 万～5 万元，每个月资金额度是上个月销售额的 70%。每一款产品的款式选择、尺码、产量、库存深度、基准销售价格、打折节奏和力度等全部由产品小组自己做主。小组提成也会根据业绩提成公式来核算，核心指标包括业绩完成率、毛利率和库存周转率。以产品小组为核算单元、责权利统一的做法使得每位小组成员都能各司其职：设计师对接市场，在网上收集目标消费人群的喜好，以客户需求为导向进行选款设计；货品管理专员对接每一款产品的生产，为多款、多批、小量的订单寻找合适的代工厂；营销专员则对接摄像、页面、IT 等内部支持部门，为每一款产品提供尽可能好的页面展示。由于共享收益，小组成员之间不仅高度协同，还进一步带动了整个公司的前后端协同，使每一款产品在生命周期各环节的运营效率都得到了提高。

为了使小组制能快速运转起来，韩都衣舍梳理供应链下游流程，建立数字化的订单管理、仓储管理、运输管理系统；梳理供应链上游流程，建立数字化的供应链管理、供应商管理系统；开发下一代 BOSS 系统，统筹商品规划、产品小组选款、营销推广等活动，并通过产品的"爆旺平滞"特征，协调资源分配；开发数据驱动的商业智能系统；基于智慧供应链决策模型，对每一款单品的生命周期进行数据化、精细化管理，对订单和产能进行精细化匹配，从而实现数字化供应链。

只有将拉式供应链和数字化供应链作为基础，韩都衣舍才能快速整合制造资源，将多款、小批量的订单分配给合适的代工厂，快速生产；整合设计师资源，建立创客孵化平台；整合传统品牌资源，为传统线下品牌提供基于电商平台的供应链服务，从而打造敏捷供应链。

希音崛起的秘密武器： PDA 供应链

在国内，人们可能对"希音"不太熟悉，但是在海外，这家公司的热度非常高。国外的权威应用数据分析软件 App Annie 和 Sensor Tower 的数据显示，截至 2021 年 11 月，希音（SheIn）是全球 60 个国家和地区排名第一的 iOS 购物应用程序，并在 15 个国家和地区的安单（Android）设备下载量中排名第一，甚至一度取代了美国本土电商巨头亚马逊的应用程序，成为美国 iOS 和 Google Play 平台下载量最高的购物应用程序。截至 2021 年 11 月，希音在 Instagram、Tik-Tok 和脸书（Facebook）等社交媒体上的粉丝已经将近 3 亿人，公司 2020 年全年收入 90 多亿美元，几乎比上年翻了一番，连续 8 年营收实现了 100％增长，年活跃用户超过 3 000 万人，揽下了 1.2 亿注册用户。①

　　希音公司的前身创办于 2008 年，创办地为中国南京，创始人是做搜索引擎优化起家的许仰天。创业之初，许仰天看准了跨境电商起步的契机，开始跨境售卖婚纱（婚纱是当时仅次于数码产品的跨境电商品类）。借此，许仰天拿下了 SheInside.com 的域名，并建立了自己的独立站。2012 年，许仰天正式放弃婚纱业务，用 SheInside.com 的域名全力转做跨境女装，紧跟快时尚潮流，希音的故事也就此启航。2015 年，SheInside 更名为希音，产品也开始向全品类拓展，致力于打造跨境 B2C 快时尚服饰品牌。目前，希音通过自建独立站、独立应用程序以及亚马逊等线上渠道，在美国、欧洲、印度、中东、东南亚等全球 200 多个国家和地区销售产品，日发货量最高超过 300 万件。在一定程度上，希音要比国际快时尚领导品牌做得更好——在 2020 年新冠肺炎疫情来袭，包括国际快时尚领导品牌 Zara 在内的全球多家快时尚线下门店遭受致

---

　　① 跨境电商独角兽 SheIn（一）：从寒门学子到三千亿创始人的传奇故事．（2021 - 11 - 23）［2022 - 05 - 20］. https://baijiahao. baidu. com/s? id＝1717209342415166557.

命打击的情况下，希音反倒因为专攻线上渠道实现了逆势增长。2020 年，希音的营收增长为 253.4%，而 Zara 的营收在同期下跌了 27.9%。

"便宜、款式多"是许多消费者对希音的印象。其旗下产品分为四类：普码女装、大码女装、童装和男装。官网给出的价格选择区间分别是 2～77 美元、4～75 美元、2～35 美元、5～71 美元①，其中多数产品的价格在 20 美元以下。有美国佐治亚州的大学生在脸书上晒出了自己在希音的购物清单，订单显示购买了 16 件商品，总计 108 美元，最便宜的小饰品只需 1.38 美元，还有 6 美元的女士 T 恤、12 美元的连衣裙……②

此外，希音的官网上还会显示近一周的上新量。2020 年 5 月 24 日、25 日、26 日希音女装全品类上新量分别达到 3 839 款、3 936 款、4 067 款。据悉，2019 年希音全年上新量就达到 15 万款，平均每月上新 1 万

---

① 下载量超越亚马逊，神秘的 SHEIN 是啥来头？．（2021 - 05 - 27）[2022 - 05 - 20]. https://m. thepaper. cn/baijiahao_12862778.

② 揭秘 SheIn：中国最神秘百亿美元公司的崛起．（2020 - 08 - 03）[2022 - 05 - 20]. https://baijiahao. baidu. com/s? id=1673995860274795003&wfr=spider&for=pc.

余款，这意味着其只需一到两个月就可以赶上 Zara 全年的上新量。

除了低廉的价格和丰富的款式，希音的商业推广模式亦对其火爆的销量有着重要的贡献。早在 2011年，希音就开始利用网红在社交网站上做推广，为站点引流。然而，希音能做到快速响应还是源于其背后供应链的支持。

支撑销售额的 PDA 供应链

2014 年的 SheIn 已经在圈内小有名气，其主要商业模式如下：公司从广州十三行服装批发市场拿货，将批发商的服装图片进行修改并上传到网站，消费者下订单之后，公司会有专门的负责人去服装批发市场拿货、发货。随着公司在海外的发展越来越快，截至2014 年年底，其销售额已经达到每个月 3 000 万元，供应链的问题开始凸显。根据当时公司的一位高管回忆，有人直接和创始人许仰天阐述了公司所面临的困境："公司面对的劣势是，商品种类过多，我们并没有办法全部备货，而是只能根据客户的订单去市场购买，从而导致收货时间过长、用户体验差。新用户虽然增加速度很快，但是回头率并不高。与此同时，我们的营销成本却在不断上升，这不是一个良性的循环。"①

在经过一番纠结思考后，许仰天决定打通上下游，打造一条完整的供应链。

从消费者需求出发，拉动整条供应链

准确了解市场趋势和消费者需求是快时尚品牌赢得市场的第一步。传统时尚产业按季节开发服装，一件衣服从设计到生产再到上架需要 3 个月。作为快时尚的鼻祖，Zara 并不是去猜，而是响应时尚。Zara 的设计师和买手大多会根据大牌发布会上的新品找到新的流行元素，再加以组合变成自己的设计。其全球 7 000 多家门店也在每天收集客户诉求，将信息传输至公司总部的数据中心，以供设计团队参考。

希音的做法和 Zara 类似，但有所区别。成长于互联网时代的希音，更大的优势在于对互联网技术的应用，这种优势使其距离消费者更近，与消费者有更充分的互动。在多个社交媒体上，希音通过社交媒体互动、网红直播带货、短视频等多种方式与消费者互动，

---

① 跨境电商独角兽 SheIn（三）：征战全球的幕后英雄"SheIn 供应链"．（2021 - 12 - 09）［2022 - 05 - 20］. https://baijiahao. baidu. com/s? id=1718661630232855149&wfr=spider&for=pc.

拥有数以亿计的粉丝。

同时，希音借助数字化手段来抓取数据，分析消费者需求。原希音移动总经理在一次活动上展示了公司的追踪系统：其将各类大小服装零售网站的产品都抓取下来，总结当前流行产品的颜色、价格变化、图案元素。设计师和买手会根据各个渠道收集的线索，再组合元素设计新衣服。希音也是谷歌（Google）的客户。其借助搜索趋势发现器（Google Trends Finder）发现不同国家产品的热词搜索量及上升趋势，如什么颜色、面料、款式会流行。例如，希音准确预测了2018年夏季美国流行蕾丝、印度流行全棉材质等。此外，希音也建立了自己的信息化团队，形成了一套算法逻辑，其能够通过用户的点赞、分享、互动行为，甚至购买行为、购买决策过程以及购物车停留的时间，来预测一个库存量单位（SKU）在未来的需求量。

"小单快反"的敏捷供应链

希音于2015年在广州设立了分公司。广州拥有中国最著名的纺织服装与时尚产业集群，以及较完备的跨境物流等基础设施。希音自建了一支设计团队，一开始建板房用于服装打版。到 2016 年，希音已经有了一个 800 人的团队，来快速设计衣服、制出样板，最后送去工厂生产。

除自建团队外，希音也通过吸引外部设计师资源来提高自身的设计能力，以便更灵活地调节设计数量。例如，其在 2021 年推出了设计师孵化器"SHEIN X"，旨在为独立时装设计师和插画家提供与希音合作的机会，并将其品牌扩大到更多的受众。SHEIN X 的设计师只需要负责创作，而将制造、营销和销售交给希音完成。设计师可以分享利润，并保留自己的创作所有权。自 2021 年 4 月开始，希音每月都会推出新的设计师联名服装。

此外，为了提高从设计到打样的速度，希音在内外部人力资源的基础上，进一步通过 3D 虚拟设计、数字化版型及面料库等数字化工具的应用来加速从设计到打样的流程。这些能力是希音每日均有数百上千件新品上市的一个重要基础。

希音快速上新的另一个重要基础是在生产环节。自 2014 年起，希音开始大力扶持自己的代工厂和基层供应商体系，以建立对快时尚品牌至关重要的"小单

快反"能力。希音的"小单快反"可以使衣服的一个
款式只要有 100 件订单就能生产。这意味着同样用
3 000 件衣服来测试市场反应，竞争者可能最多测试 6
个款式，而希音可以测试多达 30 个款式，所以其出现
"爆款"的概率会更高。而且 100 件的小批量也意味着
希音尝试不同面料、色彩搭配的失败成本会更低。因
此，希音的衣服给人感觉更有活力、更年轻，有着鲜
艳的颜色、五花八门的面料和图案，看不到太多黑白
灰的基本款。[①]

与供应商协同合作共赢

希音公司"小单快反"能力的建立并非一帆风顺。
2014 年，几乎没有工厂愿意接希音一款产品 100 件这
么小的订单。当时的一家供应商表示："机器开机一次
都不止这个成本，做就是亏。"在这种情况下，希音某
前任中层管理者认为"希音起初做的最重要的事，就
是愿意等待和扶持工厂"。例如，希音会自己承担样衣
打版的工作，这一成本少则数百元，多则上千元，而

---

① 揭秘 SheIn：中国最神秘百亿美元公司的崛起．(2020 - 08 - 03)
[2022 - 05 - 20]. https://baijiahao.baidu.com/s? id=1673995860274795003&
wfr=spider&for=pc.

工厂自己做的话，一个 100 件的订单可能都赚不了这么多。希音也会适当多下订单，将库存的压力留给自己——"假设我觉得你做 80 件会亏本，我下 100 件的订单，情愿自己承担库存。"在结款方面，希音也从不拖欠供应商款项，尽力提高与供应商结账的速度，通常 30～45 天之内就能结款。"如果付款日刚好是周末，希音会提前到周五结账，而不会推迟到周一。"有供应商在接受采访时表示。除此之外，希音有时甚至会借钱给工厂买厂房和升级设备，来帮助志同道合的供应商共同发展。某家工厂的负责人说："我们现在都挤破头去做希音的生意。"2015 年，希音把广州的供应链中心搬到了番禺，原来跟希音合作的工厂几乎都跟着搬走了。

通过这种互相扶持的方式，希音至今已经发展出超过 300 家的成衣供应商和 100 家的面辅料供应商，围绕在它旁边的数百家工厂形成了一个产业集群，但没有一家工厂是希音自己的。作为回报，希音会对供应商的服务和品类质量提出更高的要求。希音对供应商的考核主要包括四个方面：急采发货及时率、备货发货及时率、次品率、上新成功率。某家与希音合作过的工厂表示，如今的合作门槛已经很高了，"返单交期为 8 天（传统工厂几乎都要半个月以上）；一件衣服线头要少于 3 根，并且不超过 3 厘米长；尺寸误差在 2 厘米以内"。

数字化供应链是底层支撑

数字化是支撑希音"小单快反"的另一个重要因素。希音开发出了一套模仿者难以复制的供应链信息系统，其针对不同的供应链环节，都设有专属的信息系统。以生产部门为例，希音所有的代工厂和供应商都能使用生产管理系统（Manufacturing Execution System，MES），实现对每个订单的各个环节的实时和可视化跟踪，从而优化排单，提高生产效率。然而，这套供应链信息系统并不是一日建成的。据其前任中层管理者介绍，起初，希音整个后端供应链采用的是一个信息系统。随着对接的供应商种类越来越多，希音开始引入更有针对性的、多元的信息系统，并在内部进行优胜劣汰，最终形成了今天的供应链信息系统。目前，希音要求所有的合作工厂都必须使用希音的供应链信息系统，上百家从未数字化的工厂被连接到同一个系统之中，一方面实现了流程的可视化，另一方面能基于数据的积累和分析来做优化。现在希音的整套供应链体系、物流体系、企业资源计划（Enterprise Resource Planning，ERP）体系以及整套销售预测体系，都是依靠一整套数据逻辑算法来完成优化和统筹的。

在这些能力的加持下，希音供应商的交货速度远快于行业标准。早些时候，希音要求合作代加工厂从接单到把货送至佛山卫星仓的时间最多是 15 天。到 2020 年，这个周期已经缩短至 11 天，七八天是常见速度。据希音的一位顶级供应商透露，自己从收到订单、面料到将成衣送至其仓库只需要 5 天：面料制作 1 天，裁剪、车缝和收尾 3 天，二次工艺（绣花和印花）1 天。如果遇到爆款追加订单，希音的供应商还可以做得更快。反观整个快时尚行业，包括传统世界领先品牌在内的供应商的平均交货周期通常为 15～20 天。

仓储与物流资源的支持

希音的供应链中心在仓储物流部门投入了最大的人力，仅仓储部在全球就有超过 4 000 名员工，这几乎占据了整个供应链中心 80% 的人力。

希音现在可以向全球超过 220 个国家和地区的市场送货，在美国、西班牙、法国、俄罗斯、德国、意大利、澳大利亚和中东分别都有相应的支持网站。而希音就是通过对应这些全球站点的仓库向各地区消费者配送商品。

根据一项关于希音仓库全球布局情况的研究，希音目前在全球有三种仓库类型，分别是国内中心仓、海外中转仓和海外运营仓。其国内中心仓设在广东佛山，周围有几个卫星仓。全球 95% 的商品发自国内中心仓。截至 2019 年，佛山中心仓库存大约 3 000 万件，大约是 40 万～50 万个 SKU。而希音在全球有多个海外中转仓，分布在沙特阿拉伯、迪拜、意大利、澳大利亚、越南、印度尼西亚等多个国家和地区。海外中转仓只负责接收消费者的退货，不进行发货。海外中转仓的库存大概是 1 000 万件，大约是 15 万个 SKU。另外，希音在香港、德里、美国东北部和美国西部等地区还设有运营仓，专门负责其辐射区域的配送。海外运营仓大致承包了 5% 的全球货件。

过去几年，虽然希音大力投资海外建仓以提升跨境物流速度，但与世界领先品牌相比，希音在这方面还有待进一步提高。根据谷歌和德勤联合发布的《中国跨境电商发展报告》，Zara 在美国的送货时长通常是 3～5 天，但希音目前在美国市场的配送时间至少需要一周。希音在美国市场主要有标准配送（Standard Shipping）和快递配送（Express Shipping）两种商品配送方式。希音应用程序显示，顾客下单后，选择标准配送需要 16～17 天才能到货，而选择快递配送也要 8～9 天。这固然有新冠肺炎疫情暴发的影响，国际货运通关时间加长了 2～4 天，但总体上希音商品的送货时间不算短。

　　目前，希音的后端供应链生态已经基本建构完成，经营流程如图 2-5 所示。其业务主要流程如下：首先从消费者需求出发，通过买手、线下店、爬虫技术等获取需求信息，传递到商品企划和设计部门进行初始设计。然后，前端通过多渠道的营销、广告投放吸引消费者，后端与供应链上游的供应商协同合作，通过"小单快反"完成订单。最后，由仓储配送来完成送达消费者这一步骤。整个流程离不开其数字化的供应链能力。

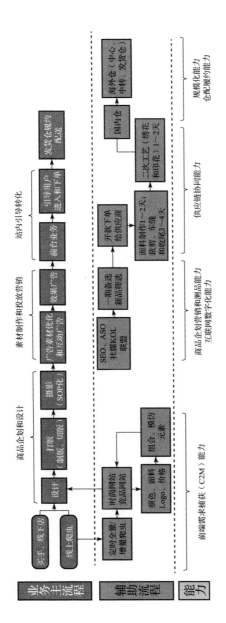

图2-5 希音的经营流程

资料来源：浙商证券研究所。

希音的风险和挑战

虽然低价和快速上新的模式让希音享受了销售爆发式的增长，但是该模式的缺点也在逐渐显现。

首先是对低价策略下产品质量的担忧。有设计师出身的工厂老板认为，希音正在让工厂重返低端制造的陷阱，因为其面辅料选择的都是低端档次，虽然从图片上看款式设计非常吸引人，但是货物到手后的质感并不一定能令消费者满意。

其次是过度追求速度会使行业的产能盲目扩大。与希音合作的工厂几乎都在超负荷运转，甚至进入完全无休的工作模式。然而，随着希音的飞速发展，陷入这一模式的工厂数量正在与日俱增。与此同时，工厂在加工方面享受到的利润并不比过去为中小服装品牌加工的利润高，而它们承受的压力会比以往高出很多，这一模式很难持续发展。

最后，在设计方面，希音也面临挑战。其买手、设计师是从全球收集创意，进行再设计，西方媒体对希音的设计是否涉嫌抄袭、复制持怀疑态度，认为其设计款是将大牌设计师的创意元素拆散重组。

此外，宏观背景下的海外政策风险也是不容忽视的，2020年希音应用程序曾被印度政府下架，美国的有关监管部门也在不断收紧对中国企业出海的审查。[①]

如何解决这些问题，是希音要认真面对的。希音的发展壮大任重道远。

总　结

从供应链的角度来看，支持新零售的核心能力是PDA供应链。企业要通过数字技术在不同供应链环节的应用增强供应链端到端的可视化，同时要打通不同环节的数据，通过数据分析来优化供应链的决策和流程。此外，企业还要整合不同组织的资源来安排不同组织进行合作，快速、准确地满足客户的需求，只有这样才能够真正地实现顾客需求驱动的供应链。下一章我们将讲述如何通过数字技术和大数据来优化供应链。

---

①　干掉Zara：中国百亿美元跨境电商SHEIN的供应链之谜．（2020-09-01）［2022-05-20］. https://baijiahao. baidu. com/s? id=1676597484301070062&wfr=spider&for=pc.

第三章

数字化供应链
与决策优化

数字化的定义与发展趋势

什么是数字化？数字化是互联网、移动互联网、物联网、大数据、区块链等技术的系统应用。这些应用改变了每个人的生活方式，作为一个企业，其必须研究如何利用数字技术改变自己的商业模式，以获得新的收入和创造价值的机会与方式。

在企业层面，有五个核心的问题需要探讨：

第一，重新思考数字时代的企业策略。在数字时代，企业家需要重新审视企业业务的竞争优势与现有业务的运作模式。

第二，改变组织文化，建立起端到端的创新能力，以激发新的观点，创造新的商业模式。

第三，对客户体验进行转型升级。通过信息技术与大数据的使用，对客户及客户企业进行分析，在此基础上设计并落实新的服务模式，以改进用户体验。

第四，加强运营与供应链不同环节的自动化管理，提高运营效率。数字化的一个很重要的目标是通过优化各个不同环节的运营流程，提高效率，改善客户体验。

第五，虽然数字技术能够帮助企业改变供应链金融之中的风险控制方式，但是同时数字技术的使用也会带来新的风险。企业要基于新的技术去改善风险控制方式和方法，在风险管理方面也要有更创新的思维和做法。

图3-1源于彼得·韦尔（Peter Weill）和斯蒂芬妮·沃纳（Stephanie Woerner）两位教授在《斯隆管理评论》上发表的一篇文章。他们对全球各大行业的近800家企业进行了调研，并根据企业的运营效率和用户体验将企业分为四个大类。

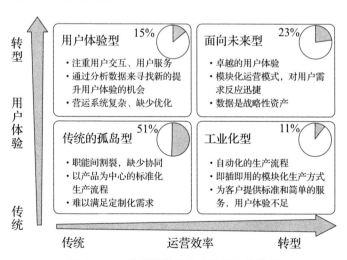

图3-1　4种不同类型的企业所占的比例

资料来源：WEILL P, WOERNER S. Is your company ready for a digital future?. MIT Sloan Management Review, Winter 2018: 21-25.

(1) 传统的孤岛型企业：这类企业的特点是企业被分割成不同的功能部门，不同的功能部门按照自己的目标，利用自己的资源和能力来生产标准化产品。这类企业的问题在于：一方面，随着市场需求的变化，不同的客户会有不同的需求，企业在努力地满足不同客户需求的过程之中，不同的功能部门都是孤岛，相互间没有信息共享，没有协调。另一方面，企业在做事的过程中不停地改变，修修补补，最后使系统变得很复杂。因而，这类企业在满足客户需求的过程中，成本高，效率低；同时，企业实际上还没有真正做好满足客户需求的工作，往往由于流程不到位，最后不能带给客户很好的体验。这些企业大多都是传统企业，采用传统的做法。在所调研的800家企业之中大概有51%属于这类企业。

(2) 用户体验型企业：这类企业为了满足客户定制化的需求，努力地与用户进行交互，不仅通过数字技术的使用给用户提供更多的个性化服务，也通过数据分析来寻找提升用户体验的途径。用户体验型企业的运营系统比较复杂，没有基于新的技术做出改变，最后发现用户的体验确实增强了，但是成本也增加了不少。效率并没有提高，成本增加不少，这种企业大概占 15%，净利润率比行业平均水平低 3.6 个百分点。

（3）工业化型企业：这类企业也已经开始数字化转型。其特点是通过一些工业自动化仪器设备的使用和组织的调整，把自己的生产体系变成某些聚焦的生产模块，并基于客户某些标准化的需求，比较高效地生产运作，降低成本。当不同的客户有不同需求的时候，高效的系统虽然能较好地满足某些客户的需求，但是无法满足众多客户的不同需求。所以，最后这种企业通过数字技术的使用，虽然提高了运营效率，但是客户的体验并没有变好。这一类企业大概占 11%，净利润率比行业平均水平高 4.6 个百分点。

（4）面向未来型企业：这类企业是数字化转型做得最好的。这类企业通过人工智能以及相关的数字技术的使用改变了流程，不仅将许多流程模块化，而且把不同的模块组织起来，使不同的模块能基于客户的需求做出迅速、准确的反应，最后给客户提供卓越的体验。这类企业往往要在商业模式、思维逻辑上做文章，不仅要使用技术，而且要把技术和供应链的流程同商业模式结合起来。这类企业的绩效表现比其他几类企业都要好,这类企业大概占 23%,净利润率比行业平均水平高 16 个百分点。

企业的数字化转型往往有三个阶段:第一阶段是通过数字化、自动化设备的应用来提高生产流程效率,但由于缺少与用户的连接,无法进一步提升客户体验,即从传统的孤岛型企业向用户体验型企业转变。第二阶段是通过数字技术、数据分析不断寻找提升客户体验的机会,但营运成本居高不下,即从传统的孤岛型企业向工业化型企业转变。第三阶段是通过各类数字技术的组合,不仅提供良好的用户体验,还能控制好营运成本,即从传统的孤岛型企业向面向未来型企业转变。

以新冠肺炎疫情期间的典型企业为例。眉州东坡在疫情期间临时推出新鲜食材、半成品菜等消费者急需的产品,并临时增加线上渠道来销售这些新产品。随后其借助数字技术进一步改造上游,通过优化采购、中央厨房等环节提高运营效率,并推出工业化生产的预包装食品。这就是企业从用户体验型模式出发,加入工业化模式,最后进入高级阶段的路径。

运用数字技术进行供应链端到端的连接

那么，数字技术创造了哪些价值呢？例如云计算、物联网、机器人、自动化、人工智能、区块链这几种典型的技术，企业在使用这些技术的过程之中，有两个重要的目标：第一是提高运营效率，第二是改善用户体验。例如，通过区块链技术提升信息透明度和可信度，可以帮助削弱供应链中的牛鞭效应，提高整个供应链的运营效率。在马士基和 IBM 基于区块链的合作项目中，将鹿特丹港到新泽西纽瓦克港的鲜花运输相关信息文件全部用区块链的技术上链管理。在此次合作中，马士基时间节省超过 40%，成本降低超过 20%。IBM 的区块链技术能帮马士基提高各个环节数字化管理效率，大幅减少纸质文件使用、集装箱错配或空置、中间环节欺诈等问题，在提高资源利用率的同时优化管理结构。

在零售供应链中，数字技术可以在供应链的各个环节提供帮助。数字技术不仅可以帮助企业提升运营效率，还能在提升消费者体验方面为企业带来很大的帮助。

在研发与设计方面，企业可以利用消费者用户画像、消费行为、售后反馈等数据，挖掘细分场景和市场的消费需求，拓展产品和服务边界，缩短产品研发周期，精确把握产品上市时机。在采购与选品方面，企业可以通过预测需求波动，合理制定采购计划，借助技术手段将采购经验和选品数据化，以进一步指导未来的采购工作。在物流配送交货的环节，企业可以通过云平台和物联网，将整个物流过程可视化，也可以利用大数据和 AI 算法来优化装箱、路径等方面的决策，还可以通过自动化技术以及 AI 算法、无人车等各种不同的技术，对物流配送体系进行改进，最后使其更高效、更准确。这些都是在供应链各个不同环节中一些数字工具的使用示例。物流是数字化供应链的另一个重要环节。物流数字化基础设施的进一步完善，可以整合供应商资源，通过预测性维护和多级分仓提高库存的可见性和可用性；无人机、无人车配送等智慧物流业态的进一步成熟，能帮助企业节省物流运输成本。由于物流本身的服务属性，数字技术的应用除了提高企业物流和第三方物流的运作效率外，更引人注目的是它能够帮助企业物流部门和物流企业拓展新的服务领域。

在零售门店方面，数字化转型既能提升店面管理、库存管理、消费者管理的智能化程度，降低运营成本，提高店面单位面积产出效益，又能帮助实体门店实现"移动支付""大屏互动""电子标签""店内导航"等新技术的应用，有效提升门店的运营效率。

客户服务是企业数字化转型的另一个发力点。在客户服务方面，阿里巴巴、腾讯、京东、百度等科技公司纷纷推出了智能客服机器人。以京东 JIMI 为例，它能够通过自然语言处理（NLP）系统和应答系统实现在线服务，并通过机器学习实现数据积累和知识储备，在服务客户的过程中不断完善自我的认知，对客户问题的答复越来越接近人工客服。其一天的咨询工作量等于京东近 6 000 位人工客服的工作总量，且客户满意度超过 80％。

零售行业的数字化转型是一个长期的过程，由新技术催生的一轮又一轮变革将持续进行，成为新的市场热点。所谓端到端数字化供应链，是指利用数字技术在整个供应链中从头至尾获得准时、准确的数据。

在智能产品设计与创新方面，企业使用数字技术可在商品生命周期的早期就与消费者进行互动，利用大数据和客户分析研究得到真正的消费者需求，并进行快速的商品原型设计和出样，以预测性分析确定产量、反复优化改进。企业使用数字技术对采集到的消费者信息进行分类，并通过消费者行为数据进行精确的用户画像，并以此制定个性化产品策略和场景化营销策略。

总而言之，在各环节的数字化改造的基础上，企业的改造重点将分布于供应链不同环节，特别是不同组织之间的流程和数据打通，这才是实现数字化供应链的硬功夫。企业只有实现供应链全流程的数字化，才有条件进一步集成优化整条供应链，挖掘客户更深层的需求，实现商业模式的转型升级。在这个过程中，企业需要根据不同阶段的目标，有针对性地引入相应类型的数字技术，但同时也要避免陷入"唯技术论"的误区。对于构建数字化供应链，数字技术固然不可或缺，但也要和前面几章中讲到的管理层面的实践相结合才能发挥更大作用，只通过数字技术一个维度是难以构建出高效运转的数字化供应链的。

基于大数据的供应链决策优化

大数据相关的分析工具和方法是当前的热点话题，但很多企业对于这类数字技术的认识还存在一些误区。因此，本节对零售供应链中的大数据收集、大数据整合与大数据分析单独进行介绍，希望帮助读者更好地应用这类技术。我们要强调的是，不同于"数据就是资产"的普遍认知，并非所有的数据都能产生商业价值。从大数据到商业价值需要经历一系列的转化过程，并且在每个节点都需要企业采取正确的措施。

数据的收集

零售供应链中的很多环节如今都在产生大量的数据。总体上看，这些数据来源中的绝大部分属于信息与通信技术（Information and Communications Technology，ICT）、信息管理系统、物联网和自动化技术这四类数字技术。这些技术在提高供应链运作效率的同时，也在时刻产生不同特征和维度的数据，使之成为大数据相关技术的"燃料"。

这些数据主要包括三个层面：一是基本属性的数

据，如供应商、客户、合作伙伴、设备、车辆等的基本信息；二是交易层面的数据，如订单、生产任务单、仓单、运单等单据上的信息，POS 机、电商平台中记录的销售数据等信息；三是物理层面的数据，也是真正意义上的底层大数据，如生产线上的各类设备记录的生产运行数据、运输过程中实时监控的车辆和货物状态数据等信息。对于这些数据的收集和存储，我们给企业实践者以下几点建议：第一，在尚不明确商业价值的时候，可以把尽可能多维度的数据先存下来，以免后期想用时缺少某些数据；第二，在开始记录数据时尽可能把数据库和字段设计周全，特别是对于跨流程和跨组织的数据记录一定要在一开始就沟通清楚，把流程中的各类特殊情况（如在途中间状态）考虑周全，以免之后数据"对不上"（详见"数据的整合"）；第三，对于粒度非常细的数据，例如前面所述的物理层面的数据，在记录时也要权衡好数据粒度、数据成本与数据价值之间的关系，在够用的前提下适当降低数据粒度来节约成本。

此外，我们也建议企业实践者留意以下两种数据作为补充来源。一是外部数据。特别是对于 2C 业务企业，外部大数据（如社交网络数据等）能够在很大程度上与传统的市场调研手段形成协同，帮助企业做出更准确的决策。例如，在零售餐饮行业，餐饮服务平台能提供团购促销数据、外卖数据、预点菜数据、订桌数据、排队数据、买单数据、用户评价数据、会员数据，餐厅的菜品、服务、价格、位置、客流数据等特征信息。二是在常见数据来源之外的，关于公司所在行业、业务场景、运营环境等方面的一些特定信息和数据。这方面的一个常见误区是"只有大数据才有分析价值"，而实际上，这些特定情境下的少量信息和数据对于优化企业决策的价值同样重要。其实特定情境中处处都有数据，只是很多时候企业决策者没有把它们记录成数据。哪怕是一个简单的分类变量有时都很有可能改进数据分析质量。因此，企业实践者要树立较强的"量化"意识，学会把所在行业、业务场景、运营环境中的特定信息转化为有价值的数据。

数据的整合

数据的整合是一项听起来简单但其实很有挑战性的工作。最典型的挑战之一是如何保证数据的精度。很多时候，企业实践者会发现虽然企业内部各流程、企业与供应链伙伴之间都用管理信息系统连接在一起，也都愿意分享数据，但是实际获得的数据却"对不上"，比如系统记录与实际物料的数据不匹配、不同系统中的同一项数据不一致等。造成这种现象的原因有很多，如传统供应链中信息传递不顺畅，一些中间在途状态的数据记录被忽略，某些流程没有标准化导致记录的数据没有统一标准，没有依照规定流程及时录入数据等，这样获得的数据整合的效果自然是不够好的。

为了改善这种局面，我们给企业实践者以下几点建议：第一，将数据整合与供应链协同结合起来，通过供应链协同创新的管理手段来提高数据精度，例如在企业内部开展销售与运营计划（S&OP），在企业与上下游合作伙伴之间开展联合计划、预测与补货（CPFR）等；第二，将数据整合与特定的数字技术结合起来，通过技术手段，例如，成熟的电子数据交换（EDI）技术、前沿的区块链技术等，来提高数据精度。以区块链为例，倘若供应链中的参与方能够上链实现全程可追溯，那么类似实物在哪里、有多少，以及它们从哪里来、下一个时间点要去向哪里这样的全流程数据都可以追溯得到，并在不同节点同步更新，保持一致。我们认为，要真正实现以上两点，企业高层必须支持和亲自推动变革。当然，如果短期实现这些有难度，企业管理者也应该对数据整合有一个正确的认识：这并不是一件简单的一蹴而就的事情。在成立和实施数据分析相关的项目时，要给数据整合留下足够的时间，不能急于求成。我们的项目经验表明，数据整合甚至可能是整个项目最耗时间和精力的阶段，因此企业高层要有足够的耐心。

数据的分析

在良好的数据收集和数据整合的基础上，数据分析才得以进行。对于供应链的运作而言，数据分析的重要价值之一是帮助改善和优化供应链不同环节的流程。在零售行业，供应链数据在战略与供应链规划和运营管理方面都能帮助企业进行决策。

在战略与供应链规划方面，首先，相关人员可以通过多个渠道的数据、信息帮助企业进行新产品的市场定位。其次，有了清晰的定位，企业可以从销售端收集用户相关数据进行画像，让用户需求来驱动产品设计，使产品更新迭代更受欢迎；与此同时，企业通过分析用户数据可以做基于某一类人群的定制化设计。再次，门店选址是零售业的重点，需要借助数据考虑人口基数、消费能力、周边的聚客能力、竞争业态等关键因素，形成一整套选址体系。最后，企业可以通过运筹优化模型进行整个供应链网络的规划。

在运营管理方面，企业首先可以根据消费者数据进行需求预测，优化采购环节，提高运营效率，改善客户体验。数字化采购能够帮助企业做出更好的决策，例如，企业在面对一品多商问题时，可以由模型自动计算如何分拆采购单以实现成本与现货率综合最优的采购组合，企业也可以通过大数据分析来动态评估供应商的绩效，优胜劣汰，与供应商共同发展。其次，在生产环节，企业可以根据实时销售数据预测未来销量，调整生产计划，优化生产排程、库存计划；在物流环节，企业可以结合实时需求和运力大数据来进行车货匹配、优化配送路径等，提高物流资源的配置效率；在门店运营方面，企业可以根据历史销售数据合理设计场景进行营销，也可以优化选品策略，计算兼顾销量与利润的最优产品组合。最后，产品售出后，企业又可以反过来运用通过数字化手段积累的互动反馈环节的数据来进行消费者需求预测，形成循环。

从数据分析到商业智能

总体上看，在这些决策优化场景中使用的数据分析方法主要包括两大类。

第一大类是数据驱动类模型，属于数据科学的研究范畴，其核心是以数据为中心，关注点是"我的数据能干什么"。诸如通过历史数据对用户及供应商画像、分析用户偏好、优化定价、撮合交易等常见的供应链决策优化问题大多属于这一范畴。这类方法的基本思路是挖掘海量数据之间的关系，例如，利用相关性来判断两组数据是否相关，利用排序来对数据的重要性进行排名，利用分类和聚类将数据进行分组等，而不是很关心这些关系背后的机理。随着近年来各类大数据的积累，数据驱动类模型受重视的程度越来越高，一些基于大数据训练的人工智能算法（如机器学习、深度学习、神经网络等）也随之被奉为圭臬。

第二大类是机理驱动类模型，属于运筹学的研究范畴，其核心是以问题为中心，关注点是"我需要优化什么问题"。诸如供应链网络规划、排程优化、装箱及路径优化等常见的供应链决策优化问题大多属于这一范畴。这类方法的基本原理是将各类实际管理问题抽象为有一定假设和约束条件的数学模型，通过模型的求解为决策者提供有科学依据的最优方案。在还没有大数据的时候，这些模型的求解通常通过计算机仿真来实现，需要相对更多的假设条件，因此和现实有一定的差距。随着近年来各类大数据的积累，这一领域开始出现新的分支，即决策性分析。决策性分析的关注点是"我如何利用数据优化我的问题"，它在某种程度上可被视为数据科学和运筹学的结合，即用海量数据和人工智能算法代替传统运筹模型中的一些假设，使之更符合实际，所优化的决策问题的实际可用性也随之增强。

对于大数据分析，我们给企业管理者的一些建议是：第一，可以按照"事后分析、事前分析、洞察规律"的三阶段来逐步强化数据分析能力，即先对历史数据进行汇总统计分析，明白过去都发生了什么；再随着数据量的增加来提高基于大数据的预测能力，知道将来要发生什么；最后进一步结合数据分析结果与自身行业特点进行深层次的情报分析，洞察数据背后的本质，即在将来有不同的情况发生时，应该做些什么，从而实现商业智能。第二，问题大于模型，而模型大于算法。不要过于追求所谓的"高大上"的算法，而要切记最重要的是提出正确的决策优化问题。能够把复杂的供应链管理问题拆分成若干清晰、明确的决策问题，融数据驱动与机理驱动之长于一体，才是更"高大上"的。第三，对相关能力相对更弱的企业而言，在资源和人才不足的情况下，一个较为务实的选择是加强与高校研究团队等外脑的产学研合作，更好地厘清问题、开发相应的模型和算法。

数字化驱动的供应链：京东的数据化决策与优化[①]

速度快，是人们对京东集团的第一印象。时效从次日达、当日达，到极速达，甚至指定时间段的"京准达"，人们对京东集团的认知还停留在其为电商平台送货很快的阶段。然而，作为数字化供应链的创新者与引领者，京东集团在数次组织变革中逐渐建立起强

---

① 该案例参考了赵先德、王良撰写的《京东与品牌商的 CPFRPFR：如何更进一步?》案例、中欧-普洛斯供应链与创新中心和京东数科联合发布的《区块链溯源服务创新及应用》报告及企业内部资料。

大的数字化供应链能力。

京东智能供应链 Y 业务管理部（以下简称 Y 业务部）是以供应链的系统开发、数据分析和决策优化为起点的，团队拥有大量高学历的研发人才。在过去几年里，Y 业务部在供应链的不同环节都建立起了相应的"无界零售智能供应链"能力，能够基于对京东海量大数据的智能分析和各类运筹优化算法提出科学的优化和改进建议，并通过与京东采销部门的协同，将这些优化方案做成系统/软件级的产品，应用于京东的供应链管理实践，实现降本增效与用户体验的提升。

例如，在智能预测方面，Y 业务部在过去六七年的时间里深入研究了统计分析类、机器学习类、深度学习类等 20 多种具体的预测模型，对它们各自的适用场景了然于胸。对于热销品、季节品、长尾品、新产品等不同特征的品类，智能预测系统都能为其选择最合适的预测方法，并结合价格、节假日等更为具体的多个因素，进行销量、商品交易总额（GMV）、销售毛利等多个维度的预测，在精度上实现每个区域配送中心（RDC）的每个 SKU 在未来 91 天内每天的销量预测，并按天滚动更新（如图 3 - 2 所示）。

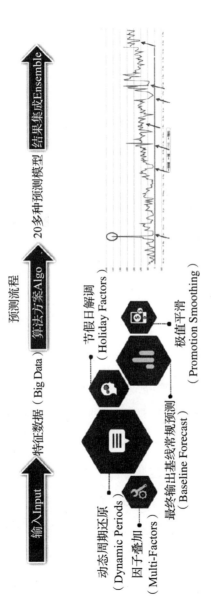

图3-2 Y业务部的智能预测

资料来源：京东.

在智能补货方面，Y 业务部掌握了多种常用的补货模型。无论是需求波动较小的畅销品、需求波动较大的畅销品、季节性的产品，还是销量稀疏的长尾品，Y 业务部的智能补货系统都能够为其匹配最合适的补货模型，并基于未来的销量预测和当时的库存水平，自动计算出在未来 91 天内，每个 RDC 的每个 SKU 的当日补货量建议值。

这些关键能力已经以系统/软件产品的方式在京东得到了较为广泛的部署和应用，例如，基于对补货量的计算自动向品牌商下采购单：采销人员只需要设置好每个 SKU 相应的补货点位、补货周期/补货日等参数，系统就会在需要时按照最优的订货量来自动完成下单，这样采销人员就能将更多精力放到更重要的品牌商拓展与关系管理等工作中。截至 2018 年年底，京东的采购单自动下单率已超过 85%。

Y 业务部所做的这套数字化供应链的优化系统本是用于集团内部的效率提升与用户体验提升。然而，以京东为代表的零售平台的连接作用却越来越明显。一方面，零售平台距离消费者最近，在数字技术的驱动下可以更准确地洞察、挖掘消费需求，成为消费者的采购服务者和需求代言人；另一方面，由于零售平台掌握更多的消费数据，其有机会通过数字技术和大数据分析更好地推动供应链中不同角色和不同流程的决策优化。这也就是供应链领域有名的"联合计划、预测与补货"（Collaborative Planning, Forecasting and Replenishment，CPFR）供应链协同创新解决方案。所谓 CPFR，是指通过零售商与厂商的合作，共同做出商品预测，在此基础上实行连续补货，并进一步推动共同计划的制定，原来属于各企业内部事务的计划工作（如生产计划、库存计划、配送计划、销售规划等）也由供应链上的企业共同参与。通过将多级的计划、预测和补货变成一体化的动作，CPFR 能够大幅降低供应链中的缺货或库存冗余的概率，也因此被视为应对牛鞭效应的最有效的方法。

京东 Y 业务部进行的 CPFR 项目更是在帮助和引导品牌商、供应商达成协同协作。早在 2015 年，京东就开启电商行业之先河，将有关美的大家电的基础订单、销量、库存等"已经发生的"历史数据以电子数据交换的方式同步给美的，并因此获得 2015 年中国 ECR（高效消费者响应）优秀案例白金奖。以此为开局，京东逐步展开与品牌商的 CPFR 探索，不仅向更多的品类和品牌商进军，而且进一步从分享"已经发生的"历史数据到分享"将要发生的"信息和数据，帮助上下游企业更准确地匹配未来一段时期的需求和供应。例如在快销品行业，京东与雀巢通过协同预测与补货，将货品供应与实际顾客需求相结合，精准调控供应的频率和数量，在提高线上有货率的同时优化库存，并因此在 2016 年、2017 年连续两年获得中国 ECR 优秀案例白金奖。

我们以宝洁与京东的合作为例，来探讨 CPFR 是如何实施的。首先双方管理层需要在年初达成本年度的协同目标意向（线下进行，主要为销售目标），剩下的协同工作更多的是一个由联合预测驱动的、标准化和智能化的流程，主要靠机器而非靠人来完成。

（1）联合预测。首先，宝洁会与京东共享一些关键信息，例如商品生命周期信息、品牌促销信息等。这些信息的打通是联合预测的前提，因为品牌商和零售商（京东）天然具有不一致的目标，体现在商品上即品牌商今年度可能主打 A 商品，而京东的历史数据可能会指向 B 商品作为本年度销售的主力。特别是对于促销信息，中国的电商销售主要还是依靠快节奏的促销驱动，促销目标是使零售平台本身的利益实现最大化（单渠道对多个品牌）；而品牌商出于品牌建设的考虑，往往有不同的渠道促销方案，目标是使自身品牌的利益最大化（单品牌对多个渠道）。这就需要双方打通促销信息。在实践中，宝洁通过电子数据交换将这些信息直接传送给京东。而在打通了这些信息后，随后的联合预测就变得驾轻就熟：将这些新增的品牌侧信息连同京东原有的数据输入京东智能预测系统，系统基于前述逻辑进行智能预测，为该 SKU 匹配最合适的销量预测模型，输出未来 91 天的动态销量预测数据，并实时传递给宝洁。与京东单独做预测时相比，联合预测能够带来 8％～10％的准确率提升，并且这个联合预测的结果能够直接为宝洁所用。

（2）自动补货。联合预测的结果也会同时提供给智能补货系统，作为源头数据的输入。与京东自己做补货不同的是，在 CPFR 的情境下，宝洁也会在补货系统中设置一定的参数，例如备货周期、安全库存、供应商送货时长、多地支援关系、采购频率、箱规等。与联合预测时的情况相似，这些品牌侧的信息输入能够提高未来 91 天补货计划的准确性，使得当真实采购单下达时，宝洁的自动回告有货率更高。同样，这些补货信息连同补货的逻辑也会传递给宝洁，进入宝洁的决策信息系统。

（3）供货。宝洁成熟的供应链管理系统能够通过对接自动回告供货情况，并自动预约入库，实现高效协同。

京东和宝洁持续推进数据协同、信息共享方面的深层次协作，通过联合预测及订货协同，京东的提前订单比例有了显著的提升，有效订单履约率提升了，优化了双方库存管理。

智臻链区块链：区块链技术帮助产品溯源

京东数科目前已建立起全面的 AI 能力，并且其在智能城市、数字农牧、数字营销、金融科技等产业数字化领域均得到了高效应用。比如，防损自助收银机为京东数科提供了线下零售中的 AI 解决方案，帮助商家预防自助收银机的货损，同时提升了顾客购物体验；利用对话机器人为用户解答产品疑问，其中智能服务占比达 88％以上，24 小时问题解决率达 90％以上，大大提升了效率和体验，降低了运营团队的人力成本。在产业数字化应用领域，京东数科的 AI 并不是孤立的技术，而是与物联网、区块链等其他数字科技充分交融，形成基于行业技术诀窍（know-how）的解决方案。智臻链区块链正是京东数科对技术充分运用后打造的明星产品，目前涵盖生鲜、农业、母婴、美妆、酒类、3C、二手商品、跨境商品、医药、线下商超等十余个领域。① 据悉，京东区块链防伪追溯平台已累积超过 13 亿条上链数据，与 700 余家品牌商开展溯源合作，共计有 6 万以上 SKU 入驻，收到逾 600 万次售后用户访问查询。

以海参为例，大连鑫玉龙海洋珍品股份有限公司（以下简称鑫玉龙公司）通过与京东的区块链防伪追溯平台的合作，提升了公司在产品追溯方面的能力。随着人们生活水平的提升，海参产品需求量不断增加，然而部分企业存在盲目追求低成本、高效益的思想，海参的品质参差不齐，因此企业对海参从育苗到生长过程进行追溯的需求变得尤为强烈。

在与京东合作之前，鑫玉龙公司一直都在和辽

---

① 全面进军产业数字化1周年 京东数科进入"数字化操作系统"新阶段．中国经营网，2019-11-22．

宁渔业局合作建立追溯体系，从养殖端开始，海水质量的相关数据，如海水的盐度、温度、PH 值等信息，会通过相关设备进行数据采集，并上传到追溯体系。然而在育种—育苗阶段，很难实现通过设备来采集信息，只能手动录入，因为既看不到也测不到。而且，对产品离开公司后，直到消费者手中，以及消费者的后续评价，这整个过程，公司是无法实现信息追溯的。

与京东合作后，鑫玉龙公司通过区块链技术打通了整个产业链条，现在已经可以通过视频将育苗—育种阶段也加入追溯系统，并且接入京东的系统后，也可以清晰地知道产品的销售信息及用户的反馈评价。

对内而言，追溯平台的使用，可以倒逼公司提升自身管理的标准，提高产品的质量；对外而言，公司通过区块链技术的应用，加强追溯，可以提高消费者的信任度，这在销售层面有一定的帮助。在系统刚开始上线的两个多月内，公司通过跟踪发现，很多消费者在购买产品之前，会咨询公司对于追溯系统的使用情况，可见很多消费者对其是很关注的。公司当时也跟进了消费者后续的购买情况，咨询过的消费者最终基本上 100% 会购买。所以，一般进入品牌页面的消费者基本上都是有购买意愿的，如果通过追溯系统包括千里眼等的使用，使得消费者可以看到全流程生产过程，那么消费者的购买意愿就更加强烈了。

总　结

数字技术可以应用在供应链的多个环节，从客户行为的描述性分析、精准营销、产品研发/设计到生产制造、质量溯源、需求预测、物流的决策优化等。企业所面临的挑战是如何通过数字技术的应用来提高运营效率和提升客户体验，从而给客户创造价值；同时企业必须在数字化的大趋势下，做好商业模式创新，促进企业的转型升级。下一章我们将讨论如何通过数字技术的应用来建立全渠道供应链，并通过流程再造来打通线上、线下的供应链流程，进行全渠道的决策优化。

第四章

全渠道供应链
与流程再造

消费者视角的全渠道

　　从前，消费者购买商品只能去商场、超市、商店等地方选购，而且不一定能买到想要的商品。也就是说，消费者每次只能在一个固定的零售空间内选购商品，消费需求的满足在很大程度上取决于品牌商的供货能力及零售商是否在商场摆放了合适的商品，场景也相对固定和局限。

　　直到 2003 年阿里巴巴等电子商务网站陆续创立，人们开始通过电脑在网上购买产品。随着智能手机的普及与移动网络的发展，手机购物开始流行起来，这样消费者的购物渠道及购物体验便出现了多元化。如今，消费者可以选择从实体店购买产品并带回家；可以通过电脑或者手机客户端（如淘宝、京东等）下单，由物流配送服务商将产品配送到家；可以在门店下单，由物流配送服务商配送到家，比如一些大型家具、家电等；此外，还可以从电脑或者手机客户端下单，自己到附近的门店自提（比如有些品牌可选择线上下单，附近门店自提）。这种全渠道购物体验使得消费者的产品选购范围更加广泛，也不再受地域的限制，并且可以随时购买。这种方式极大地打破了地域和场景的限制。

我们根据信息的沟通和订单的履行两个维度，可以将全渠道的模式划分为 4 种（如图 4-1 所示）：线下沟通＋自取货物的传统门店销售模式；线下沟通＋配送的展示厅模式，即店内只进行展示，不进行销售，消费者需要通过线上下单，货物通过物流配送到家；线上沟通＋自取的新型门店销售模式，即通过线上进行信息沟通，消费者到附近门店自取完成订单的履行；线上信息沟通＋配送到家的纯线上模式，即我们熟悉的电商购物模式。

这种全渠道模式的形成，得益于数字时代技术的发展，消费者获得产品信息的触点增多。线下门店包括小到家门口"五脏俱全"的便利店，大到市中心品类繁多的购物中心；线上渠道如购物网站，电子邮件，微博、微信等社交软件，视频播放等娱乐软件，等等，都会推送商品信息。消费者可以选择线上或者线下获取商品信息，通过配送或者自取来完成订单的履行。

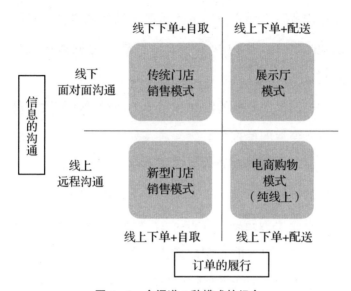

图 4 - 1　全渠道 4 种模式的组合

资料来源：CHOPRA S. How omni-channel can be the future of retailing. Decision，2016，43（2）：135 - 144.

　　除此之外，数字时代的技术发展给全渠道新零售的模式锦上添花，使消费者的购物体验更加丰富多彩。不少实体门店引入了"移动支付""大屏互动""电子标签""店内导航"等新技术，更多的传统超市、便利店等开通了自助售货服务，依托受众庞大的移动支付技术使消费者无须通过收银员即可完成支付。还有一些新型零售业态出现，包括无人商店及智能货柜，如亚马逊的 Amazon Go 借助物联网、人脸识别、视频监控技术等使顾客无须排队结账，通过机器视觉和传感器自动识别顾客选购的商品，使顾客实现即买即走；又如提供共享设备服务，即采用共享经济模式，提供分时租赁设备和服务的业态。此外，以盒马鲜生、超级物种等为代表的"超市＋餐饮"的融合模式既为消费者提供了零售商品，又为其提供了用餐服务。这种模式基于消费场景定位于提供餐饮、半成品和生鲜产品，围绕"吃"展开产品与服务的布局，实现了餐饮、超市、数字化零售体验的融合。

零售商视角的全渠道

从零售商的视角，全渠道又是怎样的呢？零售商与消费者之间连接的变化，是从单一渠道到多个并行渠道，再到现在的全渠道，零售商所要具备的供应链能力是不一样的。

结合之前提到的四种全渠道模式，零售商需要思考什么样的产品适合通过线上渠道进行销售，什么样的产品适合线下渠道销售。根据第二章中的产品分类，我们对功能型产品和创新型产品的特点结合渠道的特点进行更详细的说明。功能型产品通常是日常消耗品、标准品，需求是可预测的，是相对低价值的产品；创新型产品通常是特殊的、交易频次低的产品，需求是不可预测的，是相对高价值的产品。对于前者，由于产品本身的价值较低，若消费者愿意支付配送溢价，以免去提货之苦，那么可以选择线上销售、集中库存管理配送的模式；若消费者愿意以最便宜的价格获得产品，而去自提点购买，那么则可采取线下渠道、分散库存管理的模式。对于后者，那些特殊的细分产品也可以通过实体店销售，但仅当某个顾客细分群体愿意为这种产品的现货供应能力支付溢价时。

接下来，我们将从消费者的购买旅程来总结零售商需要的能力。在购买前，消费者可以通过线上或者线下渠道进行商品信息的获取，那么零售商就需要思考：如何进行线上商品的展示、线下商品的展示以及线下门店地址的选择？在消费者决定购买时，如何根据消费者的行为习惯，将商品信息合理地传递给消费者？在购买/下单环节，如何使消费者便捷、准确、顺利地完成订单？在订单履行环节，如何针对产品的特性，以不同的方式进行订单的履行？在消费者购买产品后，如何保证消费者在使用中遇到问题能及时获得解答？通过一些企业的做法，我们尝试寻找答案。

在选品环节，先观察分析数字化驱动供应链企业的做法：上一章在述及京东的数据化决策与优化时提到，预测是非常重要的一环。这类企业会结合历史数据，再加上顾客行为分析，如浏览商品的时间、点击次数等，以及历史销量分析来选择商品，通过历史顾客行为及客户的属性分析来进行上新促销活动等，并通过数据交换、自动采购单、CPFR 等来与供应商协同，以达到供应链的效益最大化。虽然我国传统线下企业还没有达到数据驱动备货的高度，但是一些线上企业在线下拓展方面也有很多创新的尝试：一是结合线上大数据与线下调研数据来进行差异化选品，如根据不同地区消费者需求的特点，准备不同的产品；二是采用"线上＋线下"联合采购/供应商协同的方式，如盒马鲜生的买手制度，即由供应商决定采购的产品，盒马鲜生保证品质和新鲜度，对生鲜商品不收取渠道费用，在保证质量的同时也给消费者带来了优惠；三是线上企业用自己的能力帮助线下企业选品。

在选址方面，这些企业也会结合线上大数据与线下流量数据来进行差异化选址。以餐饮连锁企业为例，其在取得一定规模效益之后，会快速将门店复制到更多的城市，选址则是它们面临的首要挑战。通常，这类企业会通过宏观和微观两个方面的数据来进行分析：先从宏观上对城市的人口、GDP、消费水平等数据进行分级，再结合品牌的定位来确定城市，然后在城市内部结合线下的商圈情况、流量数据来进行进一步的匹配。

在信息传递环节，线上触点主要是网站、应用程序、顾客评论、社交媒体等；线下触点主要是各类门店新技术的使用，如数字签名、店内免费无线网、射频识别、平板显示、自助服务技术等，企业通过这些触点来强化顾客的购买体验。此外，现在还涌现了像"拼多多"这样的社交电商模式，以及"什么值得买"这样的第三方导购平台。线下门店也在引入区块链技术，如京东旗下的七鲜超市（7FRESH）的"魔镜"系统，通过它顾客可以实现食品的全程溯源，买到放心食品。

在购买下单环节，主要是顾客结合线上、线下信息/触点在做出购买决策后，具体从哪个渠道支付/下单。我国线上支付工具非常发达，顾客在线下购物后通过二维码、扫码机就可以完成线上支付。

在订单履行环节，我国企业的线上履行创新实践包括云仓/仓配一体和一站式仓储配送，这些都得益于电商物流的高度发达及数字技术的应用，形成了订单生成后一体化的解决方案。线上起家企业（主要是生鲜、食品等零售）的创新体现在以下几方面：一是以"门店＋拣货系统＋自配"的组合，通过店内传送带和自己的运力，在30分钟~1小时内通过门店配送到家，例如盒马鲜生、七鲜超市；二是通过库存共享，打通"自己的线上订单→从别家门店拣货→众包配送"的整条链路，能够实现在很短时间内配送到家，如京东与沃尔玛超市合作的模式；三是建设零售＋最后一公里服务平台，通过自营和众包的最后一公里运力为消费者提供服务，顾客线上在周围门店下单，平台能够在很短时间内将商品配送到家，如京东到家、美团买菜等。线下起家企业相关创新则是利用丰富的线下资源做送装一体服务，如在国美或者苏宁购买大型电器，它们可以实现送装一体。随着能力的提升，它们不仅给自己线下、线上门店的顾客送装，也给其他线上企业的顾客送装。在线下自提方面，已有的创新实践则集中于一些门店密集的线下企业，针对顾客有开箱验货需求的品类，如国美家电的线上购买、线下门店自提。

在售后服务方面，线上退货取件人员可以快速上门、通过取件码等技术快速退货并二次发货。在这方面，中国企业有一些创新实践，例如，基于数据的维修提醒、预测性维护；线上报修、线下维护；对于3C、家电等产品，建立第三方专业平台进行回收，如爱回收通过线上沟通评估、线下取件帮助用户进行回收；在汽车产品领域，用户可以在电商平台购买轮胎、座椅等配件，约定时间在合作的线下4S店安装和保养，用更低的价格得到4S店服务。

全渠道供应链的设计

从企业的视角来看，我们应该如何进行全渠道供应链的设计呢？在单一渠道时代，供应链相对独立。在全渠道时代，如果只是多渠道布局多套不同的管理系统与人员，那么管理成本将剧增，此外还将面临内部恶性竞争、抢夺资源的风险。在消费者购物需求多样化的情况下，应如何高效地建立不同类型的零售渠道及服务？

全渠道供应链的关键是，建立品牌企业与消费者之间的直接连接，以消费者的需求驱动企业经营。品牌企业的供应链战略首先应支持企业"连接消费者、服务消费者"的业务战略。这意味着在供应链组织中企业要构建直接服务消费者的能力，通过比拼运营能力和服务水平，与对手展开竞争。零售市场的快速变化要求供应链必须是灵活、柔性和高响应的。企业应能够实现在产品设计、品类组合、采购生产、库存布局、跨渠道服务等方面的快速调整，以响应市场和消费者需求。如何设计好全渠道的供应链？可以从以下几个方面进行思考：

第一，我们需要通过数字化的手段将不同渠道的需求整合起来，即把需求信息从实体店铺、电子商务平台、社交网络、移动商务系统中收集汇总起来，然后对不同区域线上线下顾客的信息进行整合与细分，为每位顾客贴上更精细化的标签，基于标签来精准推送产品、优惠活动信息等，并利用社交网络与顾客互动，整理顾客评价信息，通过各类主题活动来收集相对个性化的需求。总之，要通过整合不同渠道的大数据实现更准确的需求预测，由顾客需求驱动全渠道供应链。这是设计全渠道供应链的基础。把各个渠道不同的客户通过社交网络呈现出的行为、积累的数据汇集起来，之后利用大数据来实现精准的需求预测，然后由顾客的需求来驱动全渠道的供应链，这样供应链的效率将大大提高。除此之外，企业还可以用这些数据研究开发新的产品，寻找新的合作伙伴，形成新的产品与服务。通过传统店铺的数字化改造（如商店购物屏、手机店内导购、推送优惠券等），来增强顾客的互动体验，更好地识别和收集消费者需求。

第二，进行供应链网络的设计。企业要思考如何进行"排兵布阵"，包括仓库的分布、物流网络的设计。根据消费者的位置，有一些订单是从总仓直接配送到客户地址，而有一些订单需要多级分仓或多方式来配送，如订单部分商品是从门店配送，部分商品从仓库配送，也有可能部分商品需要客户自取。基于客户在不同的地点，以不同的方式下订单的实际，企业需要匹配不同的方式去满足客户需求。这就需要打通订单系统和库存系统，实现跨平台的订单归集、跨渠道的库存共享和跨仓库/门店的订单分派，包括与不同订单入口（包括第三方）进行集成，实现库存的实时同步、产品和价格信息的规范化，以及订单的后台归集；在系统内构建订单的库存匹配和仓库派发逻辑，以及订单的跨渠道结算规则和系统流程；发货方式除仓库发货外，还要包括从门店发货、发货至门店、门店自提等方式，以促进线上销售与线下销售的共赢。

第三，基于需求预测进行采购和库存安排。由于需求基于不同的地理位置、不同的渠道、不同的时间发生，企业需要基于需求预测做整体的采购和库存安排。企业根据库存计划部署补货的节奏，制定采购/生产计划时，既要考虑单一渠道本身的需求，也要考虑渠道间的相互影响。企业要通过跨渠道库存共享实现更优的补货决策，降低不同渠道分开做库存决策的成本，实现就近的库存调拨和退仓（例如当某一个实体店没有库存的时候，可以调拨距离最近的一个电商仓的库存）。数据可视性、数据分析能力以及供应链的执行能力是敏捷库存部署的基础。企业要充分利用大数据分析判断哪些是畅销品，哪些是滞销品，将畅销品放在实体店等最接近消费者的地方，将滞销品放在区域物流中心，加快响应速度。

第四，进行物流的优化。不同地方的需求由不同的方式满足，可能是门店发货、门店自取，也可能是仓库发货。除了自有物流之外，还可能需要整合第三方物流，或者试用第四方物流服务平台。企业要合理配置自己的资源与能力，利用第四方物流平台的服务。逆向物流的问题也是同样的。一方面，全渠道需要的不再是单一的仓储或者第三方物流，而是网络化、智能化与柔性化的物流解决方案。企业要基于对物流大数据的分析来合理配置不同资源，在干支仓配的不同环节进行优化，快速响应零售终端的"点餐式"物流需求（快速频繁、一日多次）。另一方面，物流也要进一步向全渠道的末端延伸，为终端消费者提供更好的服务体验，如一体化送装＋维修，社区、门店等的最后一公里配送，更加多样化地提供本地物流配送服务。

第五，全渠道的供应链也一定是数字化的供应链。供应链端到端的数据采集和整合是实现全渠道零售的重要基础，为此通常需要打通订单管理系统（Order Management System，OMS）、仓储管理系统（Warehouse Management System，WMS）、运输管理系统（Transportation Management System，TMS）、ERP

等管理信息系统，建立大数据分析优化能力。数据采集由内部向外部延伸、由运营数据向用户和合作伙伴数据延伸、由结构数据向非结构数据延伸。利用实时数据进行供应链管理，比如订单、库存、仓配等的实时跟踪，将数据更多应用于前瞻性、预测性的分析，而不只是用于历史总结和绩效评估。

全渠道供应链设计的核心在于打破过去线上、线下分开运营的束缚：在需求端，通过不同渠道的协作来准确识别、收集和预测顾客需求；在供给端，通过订单、库存、物流共享等方式实现信息和商品在不同渠道之间的畅通流动，准确、快速地满足顾客需求。在整个线上、线下结合的体系之中，企业需要做到信息整合、统一规范产品与服务标准、建立合理的线上线下销量贡献机制。在这样的一个体系之中，企业还需要用技术手段来打通各个环节，最后实现线上与线下的整合。

渠道融合下的新机会：京喜案例

虽然大部分用户对京东商城很熟悉，但对京喜却可能感到陌生。京喜的前身是京东拼购，于 2016 年上线，主打社交电商。2019 年 9 月，京东拼购正式更名为京喜，从京东分离出来成为独立的社交电商平台，其也被外界解读为寄托了京东开拓下沉市场希望的重点产品。

2020 年 12 月，京喜迎来了新一轮调整，由原来零售集团下面的事业部直接升级为京喜事业群。原京东零售集团大商超全渠道事业群旗下的新通路事业部、社区团购业务部、1 号店业务，以及原京东商城市场部全部整合进新的京喜事业群，且新任负责人直接向刘强东本人汇报。主流媒体对此的解读是，这是京东对其下沉业务的进一步整合和梳理，意在通过同类业务整合来集合战斗力。

整合之后的京喜形成了与京东零售互补的"人货场"逻辑（如图 4-2 所示）。在用户群上，京喜与京东零售形成互补，倡导低价的京喜主要目标为价格敏感型用户，而倡导品质的京东零售主要目标为价值敏感型用户。在货品上，京喜主打低价、高性价比产品，与京东零售主营的高品质产品形成补充。在消费场景上，京喜区别于京东零售传统的搜索与推荐，借力社交电商，发挥微信线上社群和京东线下百万门店的优势，打造社交＋社群＋社区多元的购物场景，构建新型购物生态链。

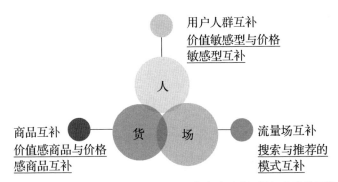

图 4 - 2　京喜构建新"人货场",与京东商城形成场景与人群的互补
资料来源:京东.

　　整合之后的京喜业务也更加多样化,从原来的单一线上业务拓展为线上＋线下,在服务 C(消费者)的同时,也助力小 B(小店、个体团长等),提升供应链效率和扩大销路。据悉,当前京喜的定位是京东旗下生活消费商城,以"省出新生活"为价值主张,目标是成为百姓生活的消费首选。在业务上,京喜则主要包括京喜 App(社交电商)、京喜拼拼(社区团购)、京喜通(线下便利店等)、京喜快递四大业务条线。

　　在京喜多重业务的背后,是供应链复杂度的提高。在供应端,京喜有产源地/产业带商品、品牌商品以及规划中的多级自有品牌商品。京喜在上线之初就以产业带为战略落点，在全国范围内率先布局百大产业带，并建立与其下沉市场用户匹配的供应链，将来自产业带、产源地的产品，绕过中间渠道直接送达消费者，在供应链层面建立了效率优势。在渠道端，京喜有B2C电商、线下零售/O2O和社区团购；此外还有B2B供货、门店数字化赋能等面向企业的业务。以下我们以京喜农场、厂直优品计划作为京喜的供应端代表，以社区团购和便利店作为京喜的渠道端代表，用具体案例对京喜复杂的业务结构进行说明。

产源地：京喜农场

京喜作为京东面向下沉市场的战略新兴业务，旨在成为百姓生活消费的首选平台，为用户提供质优价廉的产品、省钱省心的购物体验。品质更好、价格更低的农产品可以说是下沉市场用户的高频刚需。这也就决定了京喜的业务重心之一，就是深耕产业带布局，助推农产品上行，优化传统农产品的供应链模式，减少农产品从田间到餐桌的搬运次数，所以京喜农场应运而生。京喜农场不是一座具象的农场，而是京喜助推农产品上行的一种解决方案，是多个场景和赋能方式的组合，是优化传统农产品供应链的"新出路"。

　　以京喜与全国最大脐橙产区——赣南脐橙基地的直采合作为例：京喜与瑞金市商务局签订战略合作协议，双方共建"京喜农场示范基地"，以产地直采模式打通种植、流通各环节，连接优质农产品产地和全国消费者，实现产地直达餐桌的最短链路。为保证食品安全健康，京喜的专业买手团队和质检品控团队会深入产地进行考察，对即将上架京喜农场的农特产品进行严格把关。京喜农场专供的脐橙会经过"食安红线十条"、食用农产品快检（京喜已经建立 20 多个快检实验室）的考验，以及近百项农兽药残留、新鲜度、非法添加物等检测后，贴上专供标签送到消费者手中。不仅如此，京喜还在售中环节通过每周的"神秘检查"和"飞行检查"对所售商品进行高频验检；在售后环节通过延迟赔、闪电退、退货免运费、坏果包赔等措施让用户打消顾虑。

　　除产地直采外，京喜也充分发挥供应链、物流等核心能力，通过长短链结合的供应链模型来完成赣南脐橙在热销季的履约工作：（1）在南昌、九江、宜春、抚州等江西大部分区域，消费者可选择预售自提模式，最快第二天就能吃到树上摘下的新鲜脐橙；（2）对于全国其他下沉市场中的消费者，京喜通过产地直发模式来减少脐橙搬运次数，在降低运输成本的同时提高时效性。支撑这种模式的关键资源之一是京东物流，而京东物流已经在全国83%的乡镇实现了"24小时达"。①

产业带：厂直优品计划

2020年4月，京喜与汕头澄海玩具产业带达成战略合作协议，京喜首个工厂直供示范基地正式落户澄海玩具产业带。位于澄海玩具产业带的亿创空间，受新冠肺炎疫情影响出现"订单荒"。京喜帮助商家增设店铺，邀请其参加平台营销主题活动及产业带直播探厂带货活动，并予以补贴、引流。此外，京喜用特有的用户直连制造（Customer-to-Manufacture，C2M）定制模式帮助企业找到消费者钟爱的产品。2020年"618"大促期间，亿创空间日均订单比活动前半个月增加200%，其中C2M定制爆款积木销量增长了40倍。②

澄海玩具产业带只是京喜厂直优品计划的一个例子，该计划瞄准的是"低价不低质"、已经成为时下新

① 京喜与全国最大脐橙产区合作直采，近百项检测＋供应链能力助开拓新兴市场. 证券日报网，2021-11-08.
② 外贸商家资金链濒临断裂，如何在2月后订单翻14倍？. 金融界，2020-06-26.

宠儿的工厂货。与门店、专柜相比，工厂货具有同样的品质，但没有品牌溢价，所以在价格上占据了天然优势。而京喜的厂直优品计划聚焦中国工厂制造，希望能把更多的高质量、无品牌溢价的白牌货推荐给消费者，满足新兴市场用户消费升级的需求；更希望能通过不断制造工厂爆款产品，帮助产业带工厂打造口碑产品，甚至是产生属于各自的品牌，从而推动平台、商家一起实现高质量发展。

在此基础上，京东旗下的自有品牌业务部门进一步通过"产业带CEO计划"，为这些优质工厂带来产业端的更多能力提升。据中国新闻网报道，该计划的核心是以京东数智化社会供应链为依托，通过向优质工厂开放京东在选品、品牌孵化、用户运营、渠道渗透、供应链孵化等方面的能力，为工厂打造一个"虚拟CEO"。具体而言，京东自有品牌以"S2B2C模式、产品和服务双重矩阵、C2M赋能"三大能力，搭建起包括京东京造、惠寻、佳佰、LATIT的多元化品牌矩阵，与不同品类和规模的工厂深入协作。其中，京东京造是主打全品类的核心品牌，秉承实用美学，提升大众商品的品质，打造高端商品大众化、大众商品品质化的爆品。惠寻的定位是"更多、更好、更实惠"地服务于下沉新兴市场用户,带动合作伙伴在下沉市场收获增量。佳佰是专注于居家生活品类的自有品牌。LATIT则专注于运动、健康,倡导运动的时尚感和便捷性。[①]

社区团购:京喜拼拼

2021年1月1日,京喜旗下的"京喜拼拼"正式上线,进军社区团购。京喜拼拼的上线可谓"出道即巅峰",在京东供应链体系和基础流量的加持下,发展势头非常猛烈——上线5天左右就在13个城市开通了社区团购服务。根据其小程序显示的数据,京喜拼拼现今已经覆盖许多省/直辖市,以及各自下属的众多地级市。京喜拼拼以拼购营销的方式,利用拼购价和社交玩法来刺激用户多级裂变,商家可以实现低成本引流以及用户转化,主打"低价不低质"的概念。[②]

京喜拼拼进入社区团购市场的时间比拼多多、美团、滴滴等平台都晚,但是这并不影响京喜拼拼与其他平台展开强势竞争。背靠京东的京喜拼拼拥有天生

---

① 京东自有品牌"虚拟CEO"为产业链伙伴赋能.中国新闻网,2020-12-23.

② 京东冲击社区新零售:京喜拼拼、京喜便利店均已上线.知识经济,2021-06-29.

的优势，京东包括京东旗下众多产品的流量导入，能够帮助京喜拼拼快速进入大众视线当中。更重要的是，背靠京东成熟的供应链体系，拥有强大的供应链能力，这是京喜拼拼在社区团购市场中的独特优势。

影响社区团购发展的首要因素就是供应链，而京东的供应链则是其最锋利的一把剑。京东财报显示，京东物流在全国83%的乡镇实现了"24小时达"，这是令京东在社区团购领域极有竞争力的一点。社区团购的主要品类以生鲜（水果、蔬菜、肉品、水产）为主，而消费者对生鲜的时效性要求相对较高，能否及时将商品送到消费者手中，直接决定了社区团购平台的"生死"。申万宏源证券在其研究报告中指出，京喜拼拼在社区团购方面的战略布局更加聚焦优势核心区域，通过提升优势地区的订单密度，优化物流网络的布局，提高区域运营效率，以中长期可持续发展为目标，注重用户体验和服务质量，提高用户黏性，而不是在补贴上进行竞争。由此可以看出，这是一种基于供应链逻辑的拓展方式：充分利用某一区域的供应链能力，而不是"撒胡椒面"式地开展业务。在这个逻辑下，京喜拼拼似乎也在退出那些订单量不够大、无法发挥供应链优势的市场。有报道称，自 2021 年 5 月以来，京喜拼拼接连退出福建、甘肃、贵州、吉林、宁夏和青海等地区。①

线下实体店：京喜便利店

京喜拼拼问世后不久，首家京喜便利店于 2021 年 5 月 17 日在济南开业。这是继七鲜超市之后，京东又一次以社区为主要服务对象推出的新业务。外界对此的解读为：以社区小店为切入点，构建线上线下结合、多场景的社区零售生态。

从政策层面来看，2021 年《关于推进城市一刻钟便民生活圈建设的意见》与《城市一刻钟便民生活圈建设指南》的推出为社区零售指明了发展方向，并在资源上加以倾斜。在便利店、综合超市、菜市场、生鲜超市、早餐店、社区养老服务机构、特色餐饮店、蛋糕烘焙店、新式书店等业态中，社区小店的机会性更强：一方面，社区小店投入成本相对较低、可选点位资源较多，且经营门槛相比餐饮店、蛋糕烘焙店、生鲜超市等业态来说相对较低；另一

---

① 京东欲靠供应链"单挑"滴滴、美团、拼多多，谁能活过社区团购上半场？. 搜狐网，2020 - 11 - 30.

方面，传统社区小店又大多面临品牌性不强、商品力欠缺、个体运营能力较差、缺少联动性等痛点。两相对比之下，社区小店就成为亟待升级、提升空间更大的机会业态。

　　具体来看，京喜便利店采取加盟的形式进行市场拓展，改造夫妻店是其目前最主要的市场拓展手段。一方面，通过为传统线下小店提供商品、品牌、运营、流量等方面的支持，京喜便利店为线下小店提供了一整套数字化的解决方案，帮助实体门店实现线上线下一体化运营。另一方面，通过接入京喜拼拼小程序，京喜便利店将线下小店作为社区团购的自提点，形成团店一体的模式。这种模式不仅能够实现线上商品的无成本引入，还能增加用户到线下店的频率和黏性。与此同时，京喜便利店还接入了京东 App、京东到家的系统，提供 1 小时前置仓业务，充分把握了社区团购的"最前一公里"。从首家京喜便利店的布局情况来看，团购取货和其他服务设施大约占到店内面积的 1/5。京喜便利店的流量来源与履约模式如图 4-3 所示。①

---

　　① 京东冲击社区新零售：京喜拼拼、京喜便利店均已上线．知识经济，2021-06-29.

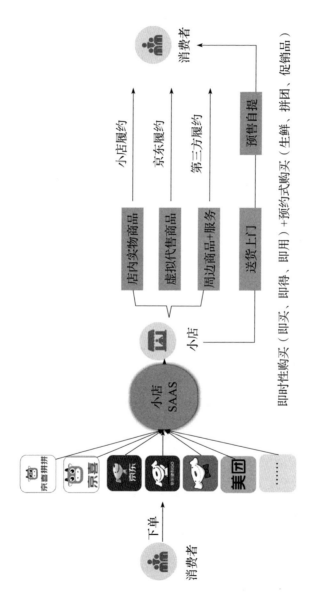

图4－3 京喜便利店的流量来源与履约模式

资料来源：京东。

京喜渠道融合的机会与挑战

多渠道发展给京喜带来了巨大的机遇与挑战。在供应端，京喜农场以"强村计划"和"惠农直采"两大专项商流解决方案，打通了全链条产销体系，形成了以种养为基础、以农产品为纽带、以商贸物流为支撑的产业形态，打造了从产地到餐桌的最短链路。厂直优品计划以京东数智化社会供应链为依托，通过向优质工厂开放京东在选品、品牌孵化、用户运营、渠道渗透、供应链孵化等方面的能力，将用户需要的商品带入市场。京喜以供应链为基础，纵横拓展带动配套产业增值，在数字农业、科技发展、产品加工、品牌发展、社会服务等方面，充分发掘农业多种功能和乡村多重价值，催生新产业、新业态，搭建新平台、新载体，"拓"出新业态，"展"出新空间。在渠道上，京喜有线下便利店、社区团购等丰富的渠道，便利店店长可以成为社区团购的团长，社区团购又可以反向为便利店引流，这种渠道之间的交叉为京喜进一步降低运输成本、扩大市场提供了可能性。在用户端，对于B端用户，以社区团购、小店赋能等多形式，京喜能带动产业升级、提供就业岗位、打造新型人货场的零售模式；对于C端用户，京喜覆盖了原本空缺的下沉市场，丰富了购物形式，提升了用户体验，为客户提供了更高性价比的产品。

挑战与机遇并存。京喜在多渠道履约的过程中，也会涉及自有资源、合作伙伴资源和社会化资源的配置。其供应链管理的难度也较之前有了进一步的提高。同时，由于供应商的复杂性，以及第三方物流的难以控制，京喜的服务质量难以保障，并且由于京喜有京东平台的信誉背书，客户对于京喜购物体验的不满意甚至可能影响到其对京东零售平台的信任度。京喜目前仍然处在发展的初期阶段，并没有去过分追求用户规模短期内的爆发式增长以及利益的收割，而是把目光放长远，优先做好最基础的商品供给和服务保证。过去以烧钱补贴换用户规模的方法，现在已经行不通了，接下来下沉市场将进入各企业拼耐力和能力的阶段。路遥知马力，谁走到最后谁才能收获惊喜。

苏宁的"三全三化"智慧零售[①]

苏宁成立于 1990 年，2019 年以 6 025 亿元营收蝉

---

① 该案例参考了中欧国际工商学院方跃、白果和阮丽旸共同撰写的《苏宁：从传统零售到智慧零售》案例。

联互联网零售行业第一，形成了以零售为核心、多产业协同发展的格局，成为中国领先的O2O智慧零售巨头。作为以传统线下业务起家的零售巨头，苏宁大举向线上业务进军是从2010年开始的，但其数字基因由来已久。早在1999年，苏宁电器就曾尝试发展电子商务，并在2001年与门户网站合作，承办了新浪网首个电器商城。2005年苏宁网上商城一期面世，但由于知名度不高，并不被人熟知。直到2009年，苏宁集团完成了SAP/ERP系统的升级改造，将苏宁电器网上商城升级改版。升级后的苏宁电器网上商城更名为苏宁易购，于2010年2月1日正式上线。2011年2月，苏宁易购成为独立公司，在苏宁体系中的地位连跳四级，除了物流与门店共享外，采购、运营都相对独立。在地位提升后，苏宁易购迅速提出三个主要发展目标——研究在线消费者、拓展品类、建设最后一公里物流，但这些基础设施的建设需要时间和资金。2012年7月，苏宁易购发布开放平台战略，大规模引入非家电供应商，充实苏宁易购品类，希望快速转变成一个综合网上商城。2012年9月，苏宁logo里去掉了"电器"二字。同年9月25日，苏宁正式宣布以6 600

万美元收购母婴垂直电商品牌"红孩子"。苏宁易购的SKU迅速超过百万，其中90%为非电器类，用户订单中家电、3C只占20%。2013年2月21日，"苏宁电器"正式更名为"苏宁云商"。更名之后，其定位转变为"店商＋电商＋零售服务商"的云商模式，即线上线下融合的O2O模式。自2013年6月8日零时起，苏宁旗下所有门店的所有商品实行"线上线下同价"，标志着苏宁O2O的全面运行。线下门店不能再把自己当作跟线上门店相分隔的渠道来对待，线上、线下成为一个统一的、整合的渠道。

苏宁用"三全三化"总结了智慧零售理念（如图4-4所示），即"全渠道、全品类、全客群"和"场景化、智能化、个性化"，本质就是"全"和"智"。对于消费者而言，其理念意味着可以在任何地点、任何渠道、任何场景，以智能化的方式购买任何想要的个性化的产品或服务。苏宁的智慧零售不是简单的互联网化，而是打破线上线下的界限，通过供应链、场景、支付、营销、新技术应用等方面的集成，形成了智慧零售生态。智慧零售落地的核心在于科技支撑的场景互联网和智能供应链。

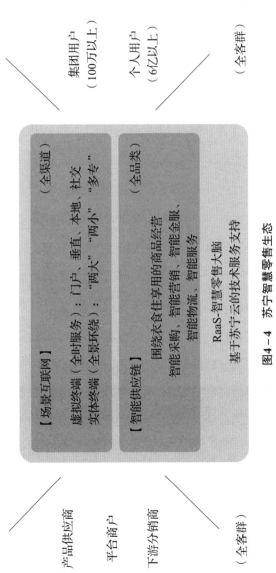

集团用户
（100万以上）

个人用户
（6亿以上）

（全客群）

产品供应商

平台商户

下游分销商

（全客群）

【场景互联网】

虚拟终端（全时服务）：门户、垂直、本地、社交
实体终端（全景环绕）："两大""两小""多专"

（全渠道）

【智能供应链】

围绕衣食住享用的商品经营
智能采购、智能营销、智能金服、
智能物流、智能服务

（全品类）

RaaS-智慧零售大脑
基于苏宁云的技术服务支持

图4-4　苏宁智慧零售生态

资料来源：苏宁.

场景互联网

场景互联网是智慧零售的具象化，是用技术把线下的一切数字化、线上化、标准化，同时让用户在线上也可以获得像线下一样身临其境的体验，达到现实和虚拟的结合，用科技打造人与生活方式的连接，而生活方式就是场景、商品和服务的集合。场景互联网的落地基础之一是苏宁丰富的线下业态。苏宁线下已形成"两大两小多专"的业态产品族群，其中，"两大"即苏宁广场和苏宁易购广场，"两小"即苏宁小店和苏宁零售云店，"多专"即家电 3C 家居生活专业店、红孩子、苏鲜生、苏宁体育、苏宁影城、苏宁极物、苏宁易购汽车超市等。苏宁各种类型门店数量截至 2018 年年底已达到 1.2 万余家。

苏宁业态产品族群未来的发展方向是用互联网的方式让"大店更大、小店更近、专业店更精"：大店不仅要满足用户的商品购物需求，更要满足休闲娱乐一体化需求；小店既是全品类、全服务理念的落地载体，也是技术和流量的出入口，苏宁可以通过零售云平台开放核心能力，赋能其他中小零售商，作为下沉乡镇市场的端口；专业店则可通过专业化经营和体验消费，建立与用户的深度沟通，适应个性化和品质消费的需求。

智能供应链

智能供应链是苏宁智慧零售的另一核心，是苏宁商业模式的价值载体。围绕商品经营，苏宁从用户分析、研发制造、需求预测、仓储配送等各个供应链环节进行优化。例如，苏宁基于大数据和预测模型，搭建了一套智能销量预测和供应管理系统。通过分析销售历史数据、用户行为数据、行业数据、天气数据、宏观经济数据等综合数据，结合从模型库中挑选出的预测模型，可以进行某一个时期内某种商品的销量预测，并根据实际和预测的差异进行模型调整。销量预测的结果会反馈到供应端，由供应端结合库存信息预测合适的补货时点和补货量，并自动反馈给供应商进行智能补货。此外，系统通过滞销品识别、临期残损模型、缺货模型等，还可以自动进行库存结构优化。例如，2018 年夏天，苏宁在东北地区的空调销量大涨，其背后是数据预测的支持。东北地区夏天一般比较凉爽，空调市场不大，但苏宁预测当年夏季东北地区的气温会比往年高。结合几十个维度的数据，苏宁为东北地区选择了适合的空调，并根据销量预测提前分拨到哈尔滨、沈阳等地的城市仓，保证了当年东北地区空调需求暴涨下的供货。

数字经济时代需要企业以用户需求为中心建立商品生态，基于大数据、产业物联网等技术，洞察用户需求并了解行业新产品和新技术的发展趋势，从消费端反向驱动生产端，整合研发、生产制造和供应能力，实现 C2M。在这一领域，苏宁已有许多尝试，如 2016 年与惠而浦联合开发的香薰智能空调单品销售额破亿元；2017 年苏宁与美的基于用户数据联合定制的全自动变频滚筒洗衣机卖到脱销；2018 年苏宁依托旗下体育和文创的资源与许多大品牌合作定制家电等。

苏宁 C2M 在反向定制能力上也下了大功夫。例如，苏宁家电通过大数据发现了消费者在使用普通冰箱时的痛点：为了长时间储存，消费者一般会把食材放到冷冻室，但这种零下低温制冷有损食材的营养和口感；冷藏室缺乏恒定的温度和湿度，果蔬类食材容易失水腐坏；干货类食材因为缺乏"保干"技术，极易返潮变质。针对这些痛点，苏宁家电联合海尔经过反复调研、论证，研发推出了全球首款 T 门全空间保鲜冰箱，不仅解决了消费者的痛点问题，还填补了长期以来的市场空白。苏宁未来商品工作的重中之重就是要提升 C2M 的产品占比，这对于提升毛利率、加强供应链把控、强化零售中台能力有着重要意义。

与网易严选、淘宝心选等类似的模式相比，苏宁 C2M 的优势在于场景和体验，如消费者可以在线下测量、尝试；定制产品可通过完善的物流体系快速交付；通过连接更多的生态伙伴，未来甚至可以为消费者提供全品类的定制。利用技术优化供应链的各个环节，苏宁的目标是要提供有温度的 C2M，即不仅要定制，还要让老百姓消费得起。这需要用工业物联网、大数据等技术实现柔性制造，改造从信息传递、需求分析、产品设计、组件支持到最后工厂模组化生产的各个环节，通过标准化模块的不同组合实现定制化，在定制化和标准化之间达到平衡，使得定制产品的成本可控。

苏宁计划未来继续围绕消费者衣食住享用的需求，形成从用户端到供应端的完整管理体系；开放苏宁的数据资源、渠道资源，通过投资、参股、战略合作、自主研发等多种方式建立 C2M 生态研发能力，获取创新的自主商品，建立苏宁自主商品的品牌矩阵，并形成全场景的稳定销售通路，对自主产品品牌的推广经营像苏宁品牌一样进行持续投入和持续运营。作为线上线下兼顾的零售巨头，苏宁可以通过加强对供应链的把控，为用户提供更多具有创新体验及附加价值的产品和服务。

在强化自身供应链运营和管理能力的基础上，苏宁开始向外输出供应链能力，建立了类似阿里巴巴"零售通"和京东"新通路"的"零售云"。零售云作为"两小"之一，在苏宁智慧零售中的地位不断提升。苏宁通过对传统零售门店进行全价值链的平台化赋能，打通了全品类采购、销售、物流、金融等服务环节。零售云加盟商可以共享苏宁的产品池和品牌资源，不仅如此，苏宁还为其全方位赋能，将自身多年的线下经验和技术、供应链、金融等方面的能力对外输出，提供包括店主培训、金融支持、IT 共享和仓配共享等增值服务。

在物流服务上，以空调起家使得苏宁在创立初期就非常重视自建物流，因为只有这样才能在顾客于门店体验下单后提供上门安装及售后服务。其物流体系随着全国连锁的发展不断完善，为苏宁在智慧零售时

代提供智能化的物流服务奠定了基础。苏宁已实现
O2O 渠道融合，消费者可以选择门店购买、线上下
单＋物流配送、线上下单＋线下自取或线下体验＋物
流配送的不同服务。不仅如此，苏宁还给消费者提供
了多种物流交付模式组合，分别是门店自取和半小时、
1 小时、4 小时、8 小时、24 小时配送这六种，消费者
可以根据自身需要选择，且全国 95％的城市能够保证
24 小时内物流到达。之所以能够做到这样精细化的物
流配送体系，大数据和人工智能技术扮演了非常重要
的角色。苏宁会基于大数据和人工智能技术，预测不
同地区、用户对不同商品的需求，在兼顾成本效率的
前提下把商品分拨到最合适的仓库。苏宁采取了三级
仓配体系，即中心仓—城市仓—前置仓。消费者最紧
缺、最需要的商品可能需要在半小时、1 小时内送达，
会放在前置仓，如苏宁小店。较为紧缺的商品会放在
城市仓，在 4 小时、8 小时内送达消费者。而时效性
较低、需求较少的商品会放在中心仓，在 24 小时内送
达。此外，大数据和人工智能技术还被应用在智能装
箱、智能拣选、运输路线优化等方面，例如，根据商
品属性、物流属性、包材库存信息等推荐合适的包装，

提升包装箱的使用效率；优化操作人员的商品拣选路径和商品在仓库货架上的存放位置，从而缩短从客户下单到商品打包的时间；从时效、装载率、费用等角度优化运输路线，从而降低运输成本、减少客户等待时间等。尽管新技术看不见、摸不着，但消费者能够真切感受到服务体验的好坏，同时苏宁自身也降低了物流成本。

另外，我们在持续跟踪苏宁的发展时发现：在2022年4月29日苏宁发布的2021年年报及2022年一季报中，其2021年全年营收1 389亿元，同比下跌45％，亏损近433亿元，亏损幅度扩大912％；2022年第一季度苏宁营收同比继续下跌，亏损幅度达23％。作为电商兴起之前的零售巨头，苏宁曾引领中国电器零售业，拥有苏宁易购线上平台以及几千家线下门店。然而，在努力追赶时代潮流的表象之下，苏宁经历了一系列失败的投资和扩张，其资金和债务危机逐一暴露。由此可见，零售企业在全渠道布局、数字化转型的过程中要谨慎为之。企业始终要以消费者为中心，有清晰的战略定位并根据定位布局合适的供应链网络，合理地利用数字技术与大数据。企业在数字技术和大数据方面的投资要产生合理的回报，必须通过对技术和数据的应用来改善流程和决策，更好地为客户创造价值。数字化一方面可以通过流程效率的提升，帮助降低成本；另一方面可以为客户提供更多、更好的产品和服务，帮助改善客户的体验。苏宁在快速发展的过程中，技术的应用没有发挥很好的作用，因而没有创造出好的价值，最终导致大幅亏损。

总 结

随着时代的进步、科技的发展，消费者不仅可以从不同的媒介获得商品信息，而且可以从多种渠道购买商品。作为零售商，其需要思考如何打造全渠道的供应链：就选品而言，零售商需要思考哪些商品适合在线上渠道售卖，哪些商品适合在线下渠道售卖；就仓储布局而言，如何将商品合理地分配到不同渠道的仓库；就发货方式而言，如何以最优的方式满足消费者的需求，例如是从仓库发货还是从门店发货，这些都需要利用数字技术和大数据来支持零售商做决策。

第五章

消费互联网与产业
互联网的融合
——C2M

C2M 及其模式

在前面的章节中，我们讨论了零售商、零售平台的创新。在消费互联网与产业互联网不断发展融合的当下，企业纷纷开始探索 C2M 模式，即用户直连制造模式。与过去我国制造业大批量生产的"以供定产"的推式供应链有所不同，C2M 强调"以需定产"。在消费者需求日益差异化、个性化的今天，以供定产的旧模式由于缺少对需求端的准确把握，容易出现供应总量大于需求总量或供应品种不符合实际需求的局面，致使供应链各个环节产生大量冗余库存。这一方面浪费了生产资源，增加了厂商乃至经销商、零售商的生存压力，另一方面消费者也无法得到满意的产品。得益于互联网信息技术的发展，C 端即消费者对订单个性化差异的需求能够准确快速地传递到 M 端即品牌商/制造商，并结合生产端柔性的生产技术，使得敏捷开发与"小单快反"的生产模式成为可能（如图 5-1 所示）。

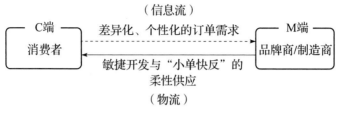

图 5-1 C2M 模式

如果说上一轮消费互联网的革命，利用的是传统互联网和移动互联网技术，改变的是交易方式，提升的是交易效率，那么这一轮的产业变革，利用的是 5G、云、人工智能技术，在生产领域进行了产业升级，改变的是生产方式，提升的是制造效率。

当前中国的 C2M 模式仍处于探索阶段，根据行业内的调研，我们将当前的 C2M 大致分为两种模式。

第一种模式是基于智能制造平台的 C2M 模式。品牌商/制造商直接连接终端消费者，通过自有平台与第三方工厂承接用户个性化定制的订单。例如，红领服饰基于过去十几年的服装定制经验与版型大数据的积累，建立了服装定制 C2M 平台。消费者可以在平台中输入个性化的版型信息以及面料和颜色等方面的偏好，平台根据这些消费者的定制化需求为他们快速设计、智能排产，通常 7 个工作日左右就能将成衣送到消费者手中。这种模式的好处是使追求个性化的消费者买到更符合他们需求的产品。这种快速的定制能力可以帮助品牌商/制造商建立差异化的竞争优势。

第二种是以电商平台为中介的 C2M 模式。得益于数字技术的进步和网络购物的普及，电商平台积累了海量用户资源和消费数据，品牌商/制造商可以从海量的消费大数据中捕捉用户的喜好，并由此来规划上游的生产活动。中国电商已经进入全新时代，未来的电商平台可能是"驱动生产性创新的交易平台"，而这背后需要对中国制造的供应链进行深度改造。在该模式下，依据参与者的不同又可以将其细分为两种不同的模式：（1）电商平台赋能品牌商模式。该模式的代表案例为京东 JC2M 智能制造平台。该模式需要电商平台与品牌商/制造商（通常是品类内领先的企业）合作，电商平台凭借消费数据优势，挖掘市场需求，并将需求反馈给品牌商/制造商；品牌商/制造商基于平台提供的市场信息，优化新产品的研发、生产和市场投放过程。这种模式的好处是帮助品牌商/制造商了解市场，减少新产品的开发风险，同时有助于满足消费者不断变化的需求。（2）电商平台自营模式，该模式以电商平台为主导，通过分析消费者大数据，快速发现市场需求（通常是技术壁垒低的商品），然后在市场上寻找合适的工厂（很多是品牌的代工厂）生产，产品直接在平台销售。在销售时，依据产品市场定位，冠以平台自营品牌或者直接白牌销售。采取这一模式的多是以拼多多、京东京喜、淘宝特价版等为代表的众多主打低价的电商平台。这种模式的好处是充分发挥中国产业集群的优势，一方面帮助广大中小工厂获得更多更有保障的订单，省去经销商环节；另一方面使消费者以更低廉的价格买到商品。

C2M 案例演示

智能制造平台：酷特智能

酷特智能的前身是创立于 1995 年的青岛红领集团。20 世纪 90 年代，红领集团通过邀请明星代言、为奥运健儿定制出场服等做法，烙上了时尚和创新的印记，一路高速发展。然而随着行业供给的变化，红领集团频频苦于库存压力，毛利润不断下降。面对市场压力，从2003年开始，一个大规模个性化定制转型的想法在红领集团"一把手"张代理的脑海里不断酝酿、发酵。在媒体采访中，现任青岛酷特智能股份有限公司总裁的张蕴蓝说，虽然遭到了众人的反对，但是父亲张代理不仅没有将这一想法抛诸脑后，反而更加坚定地认为大规模个性化定制是未来的风口和企业发展的希望。之后，他找回在外企工作的自己帮忙，一起探索如何对生产线进行改造、对管理进行改革，从而以最小的成本投入实现大规模个性化定制生产。

2007年酷特智能正式成立，随后就制定了"做定制个性化服装"的战略目标，力图摆脱产业链低端的红海竞争。此后面对如潮的不解、质疑、反对声音，酷特智能投入了数亿元资金，最终完成了数据驱动的大规模个性化定制生产模式的落地实践，一举重塑了互联网时代的制造业逻辑。

今天，走进酷特智能服装生产车间，我们可以看到在流水线上有数以万计处于不同生产环节的服装。奇妙的是，这些排列整齐的服装在面料、版型、颜色甚至纽扣和扣眼上都各不相同。能够实现这一切的是酷特智能创建的工商一体化 C2M 商业模式（如图 5-2 所示）。C 端需求直达 M 端工厂，工厂通过个性化定制生产直接满足客户的需求，由于去除了渠道商、代理商等中间环节，所以对客户而言，他们可以得到更高性价比的定制产品和服务。对企业而言，"客户先付款，企业后生产"的模式，使得企业生产的每一件服装都已提前销售，解决了传统生产模式下的库存问题，没有了资金和货品积压，运营层级减少，风险更低。

现在看来，C2M 本身并没有什么神秘之处，但酷特智能用了十几年来探索这条路，着实艰辛。实现大批量个性定制服装有两个需要攻克的难点：一是以工业化的智能手段、大数据系统来完成自动制版；二是完善人体数据的采集，也就是量体。张蕴蓝回忆称："在没有完成整个闭环时，全部都是困难。这件事的最可怕之处就在于越是专业的人越会告诉你做不了。"

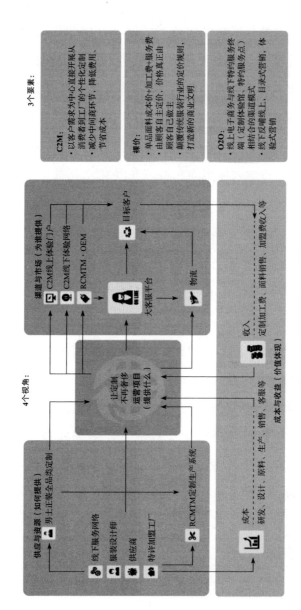

图5-2 酷特智能的C2M模式

资料来源：企业官网.

如今，酷特智能通过十余年来专注实践"互联网＋大规模个性化定制"的 C2M 商业模式，不仅实现了经营收入的大幅增长，而且生产效率提高了 25％，成本下降了 50％以上，利润增长了 20％以上。企业现在已完成从一家传统的成衣工厂到一家数据驱动生产全流程，能够以工业化手段、效率及成本制造个性化产品的智能工厂的转型。目前，在服装定制领域，酷特智能已经成为世界领先的研发、制造、销售一体化企业，其大规模个性化定制模式在全球领先。

电商平台赋能品牌创新：京东品牌 C2M 创新中心

作为大型全品类综合性零售平台，京东以海量用户数据为基础，通过 C2M 反向定制模式与品牌商建立合作，架起品牌商与用户之间连通的桥梁，释放用户数据能量，使得京东 C2M 反向服务合作的品牌商，成为"品牌明星单品孵化器"。京东依据自己与品牌商的合作总结了 C2M 五步工作法（如图 5 - 3 所示）：首先京东依据自身平台上庞大的消费数据，结合外部行业洞察，为品牌商生成需求报告。该报告可以帮助品牌商明确新品开发方向，缩短产品开发周期。在有了新品初期模型之后，品牌商可以使用京东的仿真试投平

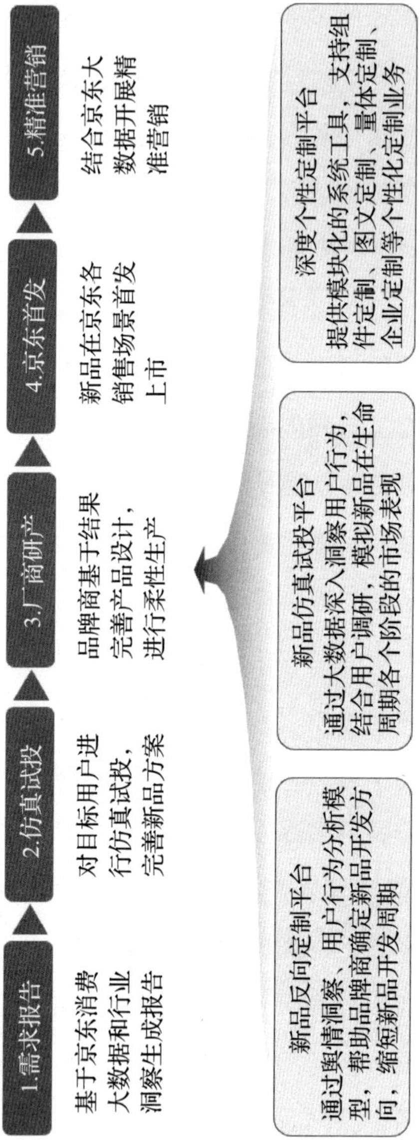

1.需求报告	2.仿真试投	3.厂商研产	4.京东首发	5.精准营销
基于京东消费大数据和行业洞察生成报告	对目标用户进行仿真试投，完善新品方案	品牌商基于结果完善产品设计，进行柔性生产	新品在京东各销售场景首发上市	结合京东大数据开展精准营销

新品反向定制平台
通过舆情洞察、用户行为分析模型，帮助品牌商确定新品开发方向，缩短新品开发周期

新品仿真试投平台
通过大数据深入洞察用户行为，结合用户调研，模拟新品在生命周期各个阶段的市场表现

深度个性定制平台
提供模块化的系统工具，支持组件定制、图文定制、量体定制、企业定制等个性化定制业务

图5-3　京东C2M五步工作法

资料来源：京东。

台，完善新品方案。京东可以依赖自身海量的用户群，精准地帮助品牌商找到目标测试用户，通过科学的新品测试，帮助品牌商优化新品设计，提高上市成功率。品牌商根据新品测试结果，完善产品设计，进行柔性生产。待厂商正式研发产品投产后，新品可以在京东各个销售场景首发上市，同时京东平台还可以结合新品上市表现提出优化建议，进一步升级产品。新品首发后，品牌商可以结合京东平台大数据开展精准营销。

在探索商业数智化转型的道路上，京东作为一家以供应链为基础的技术与服务企业，具备实体零售和互联网企业的二元属性。一头连着产业互联网，与优质的品牌商保持紧密联系，另一头连着消费互联网，拥有海量消费数据。长期坚守数智化社会供应链打造的京东，将数字化和智能化内化为京东 C2M 的基因，建立需求转换平台，将消费端需求转换为制造端可设计、可追溯、可量化、可定价的生产元素，从而连接制造端研发、管理、生产、运维、服务全流程，实现了消费端与制造端的握手。借助品牌商的柔性生产能力，企业可以拥有快速的供应链反应能力，适应消费者个性化的需求和灵活批量的生产要求，实现按需下单、即卖即产，更精准地把握市场需求，化解产销脱节、库存积压等难题，达到提升效率、降低成本的目的，从而进一步实现制造协同化、服务化、智能化。

电商平台自营品牌：网易严选

网易严选为网易旗下自营生活类家居品牌，于2016年4月正式上线。网易严选围绕一二线城市的中产、新中产人群，为其提供高性价比商品。网易严选深耕上游供应链，并在此过程中不断强化自身品牌属性，经过几年积累，已建立起自身的设计团队，具备商品开发和质量管控经验，能根据消费需求自主设计、委托生产，并将品牌打造的经验通过扶贫项目对外输出。

网易严选之所以能够在短时间内实现飞速成长，是因为其抓住了制造商直供电商的时机，这一做法最直接的影响就是缩短产销环节，为之后的效率提升、过程协同、优化管理提供基础。其不只是去掉了从商品生产制造到批发、零售等流通中间环节，减少了层层溢价，更重要的是及时准确地抓住了市场需求。网易严选背靠网易集团，可以充分利用大数据优势，帮助供应链更快速、灵活地感知市场。同时因为网易严选把控与供应链深度合作的每一个环节，所以其背靠大数据优势形成的产品设计、产品理念更能自成一脉，构成自有品牌的独特风格。当然，这也大大提高了整个供应链的运作效率。①

浙江东方百富袜业制造有限公司是网易严选的一个供应商，据其经验，平时与传统大品牌合作时，每笔订单从设计到生产，再到正式售卖，这一流程至少需要 120 天。相比之下，它与网易严选的首次合作订单量并不大，网易严选是在商品上线后根据真实消费者反馈来决定后期商品规划以及订单量，在消除中间多个环节后，从设计到销售的全流程可大幅缩短至 30 天。

电商平台＋白牌：拼多多的 C2M

拼多多虽然是电商三巨头中最年轻的，但是可能会以最大的决心来做 C2M 反向定制。拼多多前董事长黄铮曾多次公开表示："拼多多的最终模式是使得上游能做批量定制化生产。"其所谓的"使得上游能做批量

---

① "网易严选""必要商城"持续火爆，C2M 的供应链电商品牌将是未来?！.（2019－01－10）［2022－05－20］. https://www. sohu. com/a/287899496_747767.

定制化生产"，说的正是电商平台依据对终端市场的理解，指导上游生产厂商进行大规模生产，即 C2M 反向定制。由于拼多多的目标群体主要为注重低价的下沉市场用户，产品多来源于中小微工厂，因此拼多多的C2M 模式更多是电商平台与中小厂的合作，自身品牌影响力小。我们将拼多多的 C2M 模式称为电商平台｜白牌的模式。拼多多的 C2M 模式激活了虽缺乏销售渠道但拥有大量丰富低价商品的卖家，使得上游厂商可以进行一定时间段的生产资源合理规划，这样生产成本的降低又能进一步压缩价格，从而形成一个正循环。

尽管拼多多在规模和体量上可能较京东和阿里巴巴存在劣势，但其从始至终都把推进 C2M 反向定制作为一项终极目标。因而相较其他电商巨头，拼多多可能会以最大的决心坚持对 C2M 反向定制进行长期投入。拼多多计划从四个维度帮助工厂（见图 5－4）：一是流量的免费开放。拼多多平台的直通车等多种营销渠道免费向供应商开放，相较于传统电商平台收取高昂的流量费用，拼多多的免费流量支持使得更多的中小微厂商能够参与到线上市场的竞争中。二是大数据指导。由于电商平台在数据积累和数据分析上具有优势，因此拼多多能比供应链上游厂商更好地感知市场需求变化，向工厂提供大数据报告、指导生产、帮助销售预测等。三是提供场景资源以更好地扶持中小厂商。拼多多承诺帮助它们清理库存，根据其需求提供一定的场景资源。四是工厂产品在拼多多上线销售无佣金抽点，这能缓解利润微薄的代工厂的生存压力。

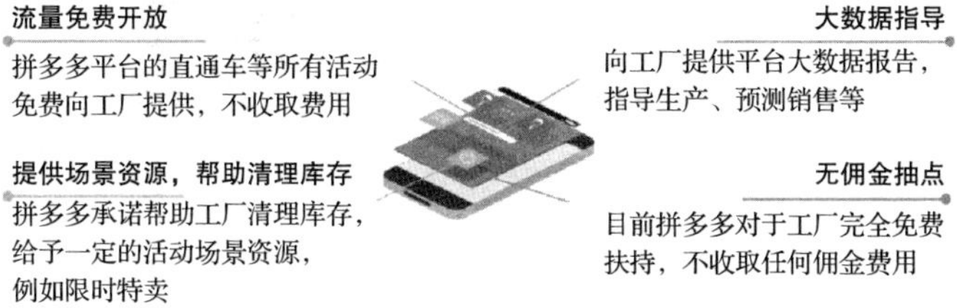

流量免费开放
拼多多平台的直通车等所有活动免费向工厂提供，不收取费用

大数据指导
向工厂提供平台大数据报告，指导生产、预测销售等

提供场景资源，帮助清理库存
拼多多承诺帮助工厂清理库存，给予一定的活动场景资源，例如限时特卖

无佣金抽点
目前拼多多对于工厂完全免费扶持，不收取任何佣金费用

图 5 - 4　拼多多对工厂计划的扶持
资料来源：艾瑞咨询研究院.

C2M 的机遇与挑战

通过 C2M，工厂拉近了与用户的距离，反应速度更快，能更精确地基于用户需求来设计和生产产品，减少了设计研发的时间，降低了试错的成本，同时减少甚至消除了中间环节的库存及浪费，从而提高了盈利能力。C2M 似乎成为中国工厂低附加值以及中国制

造业过剩产能的解药。多家机构预测，C2M 产业将在未来几年内保持高速增长，并于 2022 年迈入万亿元级的市场规模。

然而，随着 C2M 的发展，其中的一些问题也逐渐显现：

问题一，商品同质化、仿制化。过分依赖于市场需求驱动生产也可能会降低品牌商的创新力，当某个品牌的创新产品成为"爆品"时，各大电商平台会迅速找到工厂，以低成本快速地生产相似的白牌产品，凭借低价抢占市场份额。而这会导致市面上的产品同质化，引发知识产权等纠纷。对原创品牌商来说，自主创新的产品被快速复制，且复制品能以更低价格抢占市场份额，这将导致原创产品利润降低，甚至无法弥补高额的研发成本。长此以往，原创品牌会逐步丧失创新动力。

问题二，电商平台与品牌商合作有待加强。无论是电商平台还是品牌商，在主导 C2M 的过程中，都存在各自的短板，唯有深度合作，才能发挥 C2M 的最大价值。具体来说，在电商平台主导的 C2M 中，虽然平台基于自身对于市场理解的优势，能给品牌商提供市场分析报告，但电商平台由于缺少对于具体产品生产流程、供应链管理等的理解，其市场分析结果可能无法与实际的生产情况相匹配。而在品牌商主导的 C2M 中，品牌商虽然有多年在细分市场积累下来的知识，但因为缺乏跨品牌、跨品类的数据，难以获取全方位的市场信息，无法及时感知市场需求的变化。因此，未来 C2M 还需要品牌商与电商平台进行全流程的深度合作。新的合作需要新的合作机制，如何促进知识共享、建立双方信任是相关从业者和研究人员需要思考与探索的问题。

问题三，工厂能力有待提升。如何建立小批量、多批次、快速响应的能力是工厂在推进 C2M 模式时面临的最主要问题。为此，工厂需要通过数字技术的应用，实现与 C2M 平台更深度的数字化整合，进行技术升级：一方面要将制造商和消费者、供给端和需求端的数据打通，将 B 端供应链及 C 端入口之间的各级软件系统互联；另一方面要对生产线进行数字化、智能化改造。推进 C2M 模式对于工厂而言也是一场管理革命，要以更灵活、更动态的人员组织形态来支撑柔性制造的实现。

总 结

　　C2M 模式通过互联网及数字技术建立与消费者的联系，通过直接从消费者获取订单或大数据分析来了解消费者对于产品和服务的定制化需求，然后向制造商发送生产订单，消除了分销商、代理商和零售商等中间渠道环节，使产品几乎以批发价出售给消费者。C2M 模式使得相互割裂的、零散的消费需求汇聚在一起，将需求以整体、规律、可操作的形式提供给制造商，从而拉动整条供应链，大幅提高整个供应链的效率，更好地满足消费者个性化的需求。与此同时，C2M 模式可以通过更高速、准确和高效的供应链，为企业和消费者创造价值。

第六章

新冠肺炎疫情下零售供应链的创新

新冠肺炎疫情给供应链带来的主要挑战

新冠肺炎疫情对全球经济造成了严重破坏，其破坏程度超过了 2008 年的国际金融危机。根据国际货币基金组织（IMF）2021 年 1 月发布的《世界经济展望》，2020 年全球经济估计萎缩 4.4%，发达经济体估计萎缩 5.8%，新兴市场和发展中经济体估计萎缩 3.3%。根据 IMF 2021 年 1 月的估计，中国是 2020 年世界主要经济体中唯一保持正增长的国家（如图 6-1 所示）。[①]

时间回到 2020 年初，突如其来的新冠肺炎疫情给我国的零售供应链带来了极大的挑战。从需求端看，消费者的需求发生了巨大的变化。第一，消费者对特定产品的需求数量发生急剧变化，如口罩、消毒液等防疫产品，生鲜、粮食等生活必需品。第二，消费者购买渠道发生变化。由于居家隔离、限制外出等政策，消费者不能到线下门店进行消费，购买渠道开始从线

---

① 新冠疫情全球大流行对全球经济的影响 . （2020-12-07）［2022-05-18］. http://www.china-cer.com.cn/news/2020120710216.html.

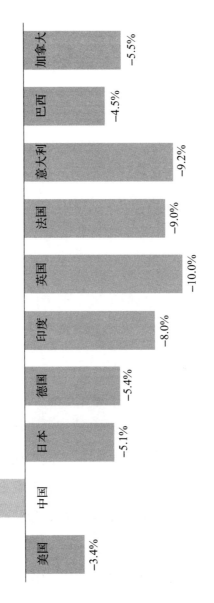

图6-1 2020年世界前十大经济体的GDP增长速度（实际GDP，年百分比变化）

资料来源：国际货币基金组织.世界经济展望.国际货币基金组织网站，2021-01-26.

下向线上转移。主要电商平台在民生品类上获得显著的销售增长；生鲜电商迎来突破——"外卖一族"被迫买菜做饭，不能出门的老年人也开始在网上抢菜；O2O、社群、直播成为线下门店的自救手段。第三，消费者对商品品类、便利性与体验的偏好也发生了变化。之前消费者会到较远的购物中心、百货商场、品类专业店、餐饮店进行消费，而疫情下的消费者更依赖于社区的超市、便利店、社区生鲜店等更近的业态。

从供应端看，物流的中断是最大的挑战。作为供应链三大流（物流、信息流、资金流）之一，物流中断在零售供应链中反映为两个层面：一是供应链上游物流网络的中断，直接导致供应链的中断；二是从零售门店到消费者环节的中断。任何一种产品在生产过程中都离不开供应商之间的原材料及半成品运输，产品在生产完成后又需要运输给企业端和消费端的客户。物流企业复工难，意味着很多产业和行业的采购、生产、流通、销售等经营活动环节都会受到影响。而供给侧一旦受到影响，需求侧就无法得到充分满足，又会影响到消费增长。在中国已充分融入全球分工体系的背景下，这不仅会使中国经济面临下行压力，也会对全球经济产生较大的影响。

在这种情况下，供需信息的不对称就会导致供需不平衡的状态一直存在。企业一开始肯定会措手不及，但企业若能及时判断消费者的需求特点，快速调动资源，与供应链上下游进行信息沟通，协同合作，就能快速响应消费者的需求。

从国家统计局的数据来看（如图 6-2 所示），2020 年，我国餐饮业和商品零售业在疫情初期受到了很大打击，但随着疫情的好转，餐饮业和商品零售业也在慢慢恢复。另外，我国实物商品网上零售额也在累计增长，由此可看出线上渠道的重要性在近年来不断提升，新冠肺炎疫情加快了企业全渠道布局的速度。

在这种情况下，不少企业借助数字技术与大数据的力量快速响应，也有一些创新性实践，我们将在下一节中讨论。

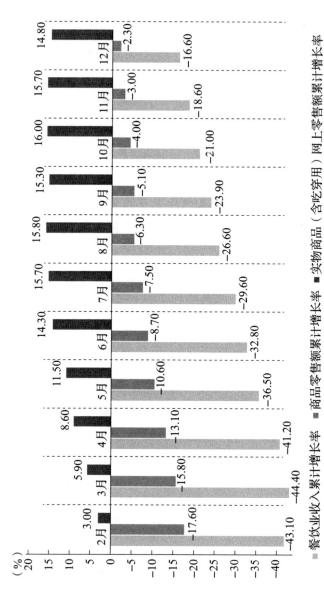

图6－2　2020年中国餐饮业收入、商品零售额、实物商品网上零售额累计增长情况

■餐饮业收入累计增长率　■商品零售额累计增长率　■实物商品（含吃穿用）网上零售额累计增长率

资料来源：根据国家统计局数据绘制。

零售供应链六大环节的创新

在 2020 年新冠肺炎疫情期间，我们可以看到，供应链数字化程度较高的企业普遍反应快速，但也不乏一些企业的供应链面临瘫痪或断裂的情况。造成这一状况的原因主要是，企业平时对供应链的重视程度不够、投入不足。例如，企业为了控制成本，在外包过程中使用能力有限的供应商，或者将工厂和库房安置在费用比较低的偏远地段。一旦危机爆发，企业往往就来不及做出迅速响应。

企业如何才能做好应急时期的供应链管理呢？我们认为，可以从以下六个环节展开。

第一，企业可以根据消费者需求的变化，预测未来的趋势，迅速应对。对于在灾情背景下如何预测紧缺物资的需求，学术界其实已经有了一定的研究积累。政府、科研机构和企业可以结合已有的研究模型和本次疫情的实时数据，对疫情的走势、医疗防护物资和生活必需品的需求等做出相对准确的预测，从而为相关决策提供支持。新冠肺炎疫情期间，我们可以看到人口流动、感染者流动路线等实时大数据已经在提高物资需求预测准确率方面发挥了较明显的作用。在零售方面，各大超市纷纷推出一系列特色服务，保障物资供应。天虹超市工作人员告诉记者，在疫情期间，面对订单量暴增的情况，为提高运力，超市推出以小区为单位在社群开展集中购买、统一配送的业务，并且与周边社区争取设置天虹到家的自提点，为顾客提供便利；推出奶粉、纸尿裤全国邮寄包邮服务，保障宝宝的需求；推出线上直播业务，让顾客在家就可以逛超市、了解最新活动、获取优惠信息。与此同时，百佳永辉超市通过永辉生活应用程序和京东到家、美团外卖、饿了么等外卖平台，支持线上业务，推出新人大礼包等多种优惠作为推广特色，希望吸引更多新用户。另外，餐饮企业也积极求生求变，而外卖成了餐饮企业为数不多的"续命"方式。2020 年 1 月 28日，西贝对外宣布，西贝外卖在各城市陆续开放。西贝董事长贾国龙对媒体表示，自西贝 100 多家门店提供外卖业务之后，营收从每日几十万元逐渐涨到 100万元，到 2 月 2 日这一数字上涨至 200 万元。

第二，柔性生产。企业可以通过生产线的灵活调整来满足医疗防护物资的应急需求。疫情期间，很多企业将原有产能快速转化为口罩等防疫物资的产能，特别是汽车、服装等行业。其中，汽车企业在聚丙烯等原料储备和无尘车间等方面具备基础优势，这些优势可以转变为生产口罩的产能。据统计，截至2020年2月29日，中国口罩日产能已达到1.1亿只左右，相比疫情前2 000万只左右的日产能，柔性生产起到了很大的作用。此外，以眉州东坡餐厅为例，该公司发现消费者倾向于购买方便冷冻速食和半成品，于是其中央厨房派上了用场，开始将原本供给餐厅的食材进行半成品包装，或者进行方便冷冻速食处理，以支撑其在北京的四个超市菜站的供应，迎合大家宅在家的美食新需求。第一天开业，眉州东坡的十几种半成品菜半天就卖出了9 000多元。

第三，供需匹配与合理分配。疫情期间，面对各地不同的需求，如何把相对短缺的医疗防护物资分配到最需要的地方去，成为决定抗疫成败的一个关键因素。数字技术与大数据分析在此环节扮演了重要角色。以湖北省政府与京东的合作为例，通过共建"应急物资供应链管理平台"，京东帮助湖北省新冠肺炎疫情防控指挥部实现了从需求、采购、调配、送达到捐赠的全场景全面协同：通过数字技术连接需求方、采购方、供货方三方，将医疗防护物资在供应链不同环节的数据和信息以数字化形式进行整合，从而在上游指导生产决策、监控生产进度，在下游精准测算不同需求的优先级、进行科学调度及可视化发放，从而实现"将好钢用在刀刃上"。又如，疫情初期，对于如何处理春节前订购了但卖不出去的食材，眉州东坡想出了菜站这一招。大年初二开始，公司就在店里开辟出一个菜站，把店里的食材卖给周边居民。自此，全国有100多家餐厅全部迅速转到线上卖菜。为了方便线上卖菜，眉州东坡还开发了专门的平台，刚开始一天只有40多单，后来一天能接1 000多单。这一举措迅速将本可能成为库存的产品合理供给了需要的人们。

第四，运输调度。物流企业或平台可基于物联网、地理信息系统（Geographic Information System，GIS）等数字技术对医疗防护物资的物流全流程进行实时的可视化与可追溯，避免"找不到货""调包串货"等现象的发生。在此基础上，物流企业或平台还可以利用车辆行驶轨迹的大数据来为有关部门提供决策支持，搭建"运力共享平台"，为各类运输需求匹配最合适的运力，通过软件即服务工具进行远程的物流调度和运营，结合对疫情与交通管制等实时大数据的分析来为车辆规划最优路径，为司机提供个性化的线路推荐，等等。

第五，仓储管理。一方面，企业可充分利用仓储设施自动化管理。疫情期间，自动化仓储设施在保障运营方面发挥了很大的优势，比如企业通过信息化系统和自动化装备的结合来完成各项仓内作业，人员仅需远程操控即可保障运营，实现全程人力"零接触"，降低被感染的风险。另一方面，企业还可基于对历史需求、需求方实时要素、补货和库存相关的动态大数据的分析，优化每个地区的"总仓—前置仓"布局和库存水平，把医疗防护物资与生活必需品提前部署在离需求点最近的地方，提高应急需求发生时的响应速度。各大生鲜电商，例如盒马鲜生、每日优鲜等，在销售倍增、需求端瓶颈突破的同时，运营端的压力凸显。在激增的需求之下，缺货、分拣配送人力不足等问题普遍产生。虽然生鲜缺货问题是受春节假期和防疫交通管制的客观因素影响，具有普遍性，但是也从侧面显示了电商企业在仓储管理方面的短板。在经历了春节的缺货潮之后，盒马鲜生已经在做这方面的思考。目前盒马鲜生的生鲜产品都是委托第三方的供应商或服务商，尚未打通从产地到餐桌的全链路；而沃尔玛、永辉等线下超市对产业链上游的掌控会更深。在疫情突发的前 10 天，沃尔玛门店有货率依旧能保持在 96％以上。两种模式孰优孰劣，取决于企业的规模和商业模式。但是，经过这一轮洗礼之后，对早年跑马圈地式的生鲜电商来说，供应链等长期性、要下苦功的问题将是其复盘要点。

第六，末端配送。新冠肺炎疫情期间，一方面，我们看到了"无接触配送"模式的兴起：用户在下单后，通过订单备注、电话、应用程序内即时通信系统等方式与骑手约定位置（智能快递柜、驿站、自提点等），进行包裹自提，这缓解了最后一公里的运力安全挑战。另一方面，在感染最严重的地区（主要是医院），无人配送车、无人机、病房送药机器人等无人设备的应用进一步降低了相关人员被感染的风险。这些新技术和新模式的背后，同样离不开大数据分析的支持。根据美团 2020 年 3 月发布的疫情期间首份《餐饮外卖复工消费报告》，80％以上的外卖订单都选择使用"无接触安心送"服务。与此同时，各地对智能取餐设施的需求大增。美团外卖首批智能取餐柜在北京、武汉、上海和广州安装完成并试运行，后续将推动更多区域安装落地，重点覆盖医院、商务楼宇和小区等人流密集的场所。此外，美团也宣布了"无人配送防疫助力计划"，通过无人配送车和室内机器人在公开道路、封闭园区及室内楼宇等场景内开展配送服务来最大限度地降低人际接触带来的潜在感染风险，更安全地满足用户特殊时期的生活需求。配送范围内的居民在美团买菜下单后，美团智能配送调度系统会把订单指派给无人配送车，无人配送车在美团买菜站点取货后，自动行驶到目的地社区的无接触配送点，与取货人进行交接，取货人打开餐箱取出物品，全流程隔绝人与人的接触。为了保证安全，无人配送车每天都由专人进行多次消毒。

综上所述，在疫情期间，数字技术与大数据在保障应急供应链的快速响应、敏捷供应等方面发挥了非常重要的作用，自动化与无人设备的应用也功不可没，这些都将成为供应链未来发展的新趋势。

打造 3R 供应链

在过去数十年间，很多企业的高级管理人员并没有给予供应链管理足够的重视，只是将其视为运营层面的问题。如今，这一观念正在改变，更多高级管理人员开始从战略层面重新审视供应链对于企业建立可持续竞争优势的作用，将供应链视为企业战略和商业模式创新的重要构成，而不再是简单的执行角色。这种思维转变往往是企业成功重构供应链的前提。本次疫情催生的一个变化是，企业在设计供应链时不能再像过去那样只考虑质量和效率，还必须同时考虑抗风险能力。而一条具备足够抗风险能力（能够应对需求和供应的双重不确定性）的供应链，实质上需要同时具备能快速响应（responsive）和富有弹性（resilient）两方面的能力。此外，企业还要能够重新设计/配置供应链，以满足风险事件发生/结束后的新需求，即供应链可再生（regenerative）。我们将满足上述需要的供应链称为"3R 供应链"，即供应链能够在客户和市场需求出现急剧波动时，通过快速和准确的反应来满足这些需求；同时在外部灾害冲击面前，供应链能够最大限度地保障运作的延续性，快速从因灾害导致的某些中断中恢复，而且能够重新设计供应链，满足新的需求。

许多成功的供应链案例显示，要想提升供应链的快速响应能力和弹性能力，企业需要建立五种重要的能力模块，分别是供应链可视化（visibility）、供应链协同（collaboration）、供应链速度（speed）、供应链柔性（flexibility）、供应链应急计划与管理（contingency planning and management），如图 6－3 所示。

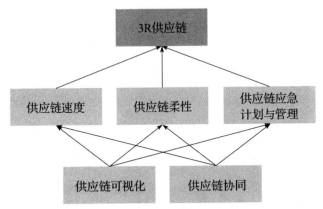

图 6－3 实现 3R 供应链所需的五大能力模块

供应链可视化是指供应链各环节的参与者能够及时准确地获得供应链运作所需的关键信息，并通过这

些信息创造业务价值。供应链并不只是技术问题，很
多企业可以凭借技术做好内部的连接，但在进行跨组
织、端到端的供应链连接时往往不太顺利。在这种情
形下，接下来供应链协同这个关键模块便显得尤为
重要。

供应链协同是指供应链各环节的参与者在共同目
标的驱动下紧密合作，以实现比单个企业所能实现的
更大的利益。在供应链中，一家企业很难独自完成所
有从供给端到消费端的业务，一般需要和其他企业开
展合作，而能够在多大程度上利用其他企业的资源和
能力，往往取决于该企业的供应链协同水平。

供应链速度反映了供应链中各环节的运作和流程
之间的衔接速度。企业可以通过流程整合与创新来缩
短一些关键流程的提前期，或是减少一些非必要流程，
从而提高供应链的总体速度。

供应链柔性强调了供应链针对需求变化（如需求
量变化、所需产品规格及种类变化等）做出反应和调
整的能力。

供应链应急计划与管理是指企业就不同危机情景
下的供应链应急方案做好预先计划，并在危机事件实

际发生后,通过跨功能的部门或组织协同来快速执行计划。这些计划包括在供应链中维持一定的闲置能力(如安全库存、备用供应商等),以备不时之需。

这样看来,端到端的供应链可视化及供应链协同实际上是基础模块,这两种能力模块可以帮助企业建立和提高其他三个模块。此外,这五大模块的建立及相互融合也需要数字技术和大数据分析来提供强有力的支持,特别是后者。很多管理者较为依赖经验进行决策,但在一个突发的异常事件中,由于管理者缺乏历史经验可循,经验决策往往是低效的,无法充分调动供应链各环节的能力来应对挑战。因而,企业管理者需要充分利用从供应链可视化与供应链协同中积累的多环节数据取代经验,在新冠肺炎疫情等异常事件出现时更快、更准确地做出供应链决策。

关于供应链的发展,我们认为以下几点是相对具有共性的:

第一,相关供应链企业可能会调整采购策略,由集中采购转化为集中采购与分散采购并存,从而平衡成本与风险。此前,国内大部分企业都是学习日本的集中采购策略,但风险来临时,企业往往会感到措手不及。因此，企业必须将大批量集中采购与分散采购结合起来，以更好地应对风险。

第二，供应链数字化转型的步伐可能会加快。随着越来越多的供应链实现可视化、自动化和智能化，企业在提高响应速度和运作效率的同时会降低对人工的依赖。而无力自建数字化平台的中小企业，也可加入其他大型的数字化平台，利用外部资源来加强自身的数字化能力。

第三，线上业务与线下业务的结合可能会得到更多重视。传统线下门店将进一步建设全渠道的供应链和履约模式，以更好地应对风险。很多完全没有线上布局的企业，虽然在新冠肺炎疫情中遭受了很大的损失，但是它们会加快线上的布局。企业布局线上必须要有数字化工具和大数据技术的应用，通过改变企业传统的运作模式，培养起更强的抗风险能力。

第四，供应链及物流设施的兼容性与灵活性可能会得到更多重视，以便企业在意外事件发生时能够尽快调整产能。这意味着相关设施需要具备更高的模块化程度，使得供应链能够通过模块的快速组合来完成柔性生产与履约。这需要系统的优化设计、软件与智能硬件的结合来提供支持。

　　整体来看，未来供应链的可视化程度、反应速度和敏捷性都会大为提高，抗风险能力也会进一步增强。这些能力的提高都离不开数字技术的广泛应用。因此企业必须通过数据分析来优化供应链决策、评估风险，并制定相应的应对方案。此外，全渠道供应链的比重会进一步上升，自动化、人工智能等技术在供应链中的应用也会更加普遍。

总　结

　　突如其来的新冠肺炎疫情给新零售带来了挑战和机会。首先，很多零售企业意识到线上线下相结合的全渠道供应链可以帮助零售组织提高快速响应能力以及应对疫情的韧性。零售行业过去几年在数字化与大数据方面的投入，给新冠肺炎疫情中的零售组织带来了很好的回报，加速了零售行业的数字化转型，而要促进零售企业建立全渠道只能依靠优化和完善供应链体系。

第七章

供应链发展的四个阶段与零售生态圈

供应链发展的四个阶段与技术在四个阶段的应用

从单个工厂的管理，到如今生态圈概念的提出，供应链管理的范畴在逐渐扩大。根据我们对中国企业发展转型升级的研究，可将中国企业的供应链发展分为四个阶段，而技术在每个阶段扮演着不同的角色，与此同时，企业对技术使用的重视程度也在发生变化。

第一个阶段是被动及支持型供应链。在这一阶段，企业聚焦于内部流程的标准化和管理方面。简单来说，企业的目标是管理好"计划—采购—生产—配送"这一流程，通过上下游协作把流程连接起来，同时控制成本，避免因出现质量和交货问题，以及供应链问题而产生的负面影响。因此，在这一阶段，高效的供应链管理是支持企业竞争的基础，SCOR（Supply-Chain Operations Reference-model）则是这一阶段供应链管理的主要工具。而参与供应链的员工基本上是做低层次运作的，分布在采购部门、物流配送部门、生产部门等,他们的工作基本上是按照企业内部的流程去完成,以实现按时、保证质量的交货。技术在这一阶段的使用仅仅局限于企业内部,主要是为了打通企业内部各部门的信息孤岛,实现跨部门的运营活动沟通与管理。因此,该阶段的主要技术有两大类:一类是ERP等通用型管理信息系统,另一类是应用于供应链中的自动化与自控技术。

第二个阶段是主动及细分型供应链。在这一阶段,企业在内部管理标准化到一定程度后,要把供应链提到战略高度,根据不同的产品和细分市场特征,选择不同的供应链战略,匹配不同的供应链网络、流程及资源,建立独特的供应链能力,以获得独特的竞争优势。这一阶段的供应链是企业竞争能力的来源,企业管理供应链的理论框架演变成了M4SC(Management for Supply Chain)理论,要求企业在设计商业模式时必须考虑到供应链管理能力。在这一阶段,企业开始认识到供应链的重要性,即企业要想在市场上获得长期竞争优势,必须要有清晰的供应链战略,通过供应链战略和供应链层面的网络流程及资源的匹配,最后使得供应链有能力去支持公司的战略。这时,企业就会发现针对不同的细分市场，基于不同产品的供需特征，可能要打造不同能力的供应链。决策者在制定竞争战略时，必须和供应链部门的人讨论，于是，供应链管理人员开始进入企业高层。有了这样的主动及细分型供应链，最后会发现这些供应链开始帮助企业获得竞争力。在这个阶段，企业根据不同战略需要不同的供应链能力，因此技术的投入与应用也要有所侧重。此外，信息系统的整合与跨组织的连接也是技术应用的重要方向，因为只有这样才能提升供应链整合的水平。这个阶段的技术会更加具体和细化，企业内部的管理系统将高度专业化，例如车辆运输管理系统、仓库管理系统、订单管理系统、客户管理系统等。与此同时，自动化与自控技术应用会更侧重柔性，企业在提高供应链效率的同时，也要加快应对变化的反应速度。

第三个阶段是智慧及体验型供应链。随着消费者需求的变化，企业必须开始思考最终用户是谁，即企业需要根据最终用户的个性化需求，快速响应，提供个性化产品和服务。因此，我们对消费者的定义也将发生改变，他们不再单单是消费产品与服务者，同时也是价值共创者。在这一时期，技术、大数据尤为重要，企业必须重视数字技术，运用现代化工具去连接最终用户，例如，智能感知/识别技术，其能在消费和实用场景中识别用户行为；运用于电商场景中的智能客服机器人；智能化的新一代设备如仓内智能设备、无人机、无人车等。企业将这些技术设备收集到的数据，通过智慧决策的方法去分析、判断甚至创造消费者的各类需求，然后以需求拉动整个供应链，对供应链进行深度整合，以实现快速响应，打造智慧型供应链。这时的企业不能只是去满足企业端客户的订单，还要知道生产出来的产品和服务如何被最终用户使用。为了让用户的体验变得更好，企业要努力研究如何把产品和服务组合起来，帮助用户解决问题。

第四个阶段是供应链＋生态圈：企业有了前三个阶段的积累后，会获得同行及相关行业的肯定，而该企业会变成供应链的领导者，进而创建开放的平台，吸引各行业的加入，并在其供应链能力的支持下，整合相关产业资源，形成平台型生态圈，之后通过设计生态圈的合作机制，与生态圈参与者合作共赢。以供应链能力为行业提供服务的企业，可能没有制造，甚至没有设计，它做的就是端到端的管理，流程的整合和控制，以及供应链服务。在供应链能力支持下，企业会整合相关产业资源，建立平台型生态圈。在这个阶段，企业要用相关的技术去使流程标准化、数字化。在流程标准化和数字化工作完成后，企业逐渐积累了很多数据，此时企业就可以基于数据分析，不断优化某些决策、某些流程，最后参与生态圈的产业资源会得到充分的利用。每一个参与者都有资源，都是资源的提供方，同时也有需求。它的需求可以通过生态圈中的其他企业来满足。这一阶段开始涉及多个参与方、多家企业，因此企业需要考虑：如何协调各方的投入和产出；如何匹配各方的供需；如何促进多方价值共创，从而激发网络效应，推动生态圈的繁荣与演进。在这一阶段，区块链技术能在一定程度上帮助企业促进供应链＋生态圈的发展。区块链技术的可追溯、防篡改的特性，能够很好地将供应链中发生的事情准确无误地记录下来，因此只要供应链＋生态圈的参与者约定好了共同规则，在技术的支持下，整体就可以顺利运转。

从零售供应链到零售生态圈

线下起家的传统零售企业的供应链管理，往往是从第一阶段被动及支持型供应链开始，慢慢向第二阶段主动及细分型供应链迈进，并随着数字技术的发展，走向供应链管理的第三阶段，即智慧及体验型供应链。线上起家的互联网零售企业因为一开始就有了数字技术的支持，所以其供应链管理一般都是从第三阶段开始的。相比传统企业，互联网零售企业在连接最终用户上具有一定的优势，减少了需求的不确定性，再通过供应链协同，降低了供应的不确定性。由于这类企业的供应链是拉动式的，因此这类企业更容易走向供应链＋生态圈的商业模式，形成零售生态圈。

所谓零售生态圈，是一种在零售行业的创新合作网络，参与方包括组织或个人。其能通过参与方的相互协同合作，创造更多的价值。京东和阿里巴巴都是从零售供应链发展到零售生态圈的例子。

通过多年来对京东的研究，我们可以将京东的商业创新浪潮分为三个阶段：第一个阶段是专注于自身，想方设法提高能力，以比自己之前做得更好。京东以电子商务起家，早先专注于数码类产品。随着消费者对需求品类的增长，京东开始着眼于如何更好地在电子商务平台上销售更多品类的产品，并配套建立供自己使用的供应链体系。在这十几年的发展中，京东积累了完整、精准、价值链最长的数据，依靠这些大数据，加上互联网技术和工具的使用，其在产品、定价、库存、履约等方面逐渐优化，使得自身电子商务平台的运营效率更高，各个环节高速协同发展。在数字时代，京东开始进行了线下布局，打造了京东到家、七鲜超市、京东便利店、京东之家等新业态。

在第二阶段，京东开始专注于创造新的服务，并通过平台来交付。2017年，京东正式确立了无界零售的战略宏图，积极以开放、共生和共赢的姿态转型成为零售基础设施提供商，将沉淀多年的供应链能力、物流能力、数据能力、营销能力、金融能力和技术能力，以模块化、平台化、生态化的形式全面对外输出，向社会提供"零售即服务"的解决方案。于是京东设立了京东物流、京东数科、京东健康等多个事业部。

企业的发展不能只靠自己，必须吸引各种资源以及资金提供方、供应商、客户等合作伙伴的加入，共同创建一种新的竞争生态，即供应链＋生态圈的商业模式。在这一阶段即第四阶段，京东在生态圈中扮演着领导的角色，开始给生态圈的参与者提供各种各样的服务（如图 7－1 所示）。在商品端，京东可以提供全渠道解决方案、国际化供应链以及 C2M 解决方案；在服务端，京东还能提供供应链全链条的服务，包括金融、保险、企业、医疗、本地/跨境等服务；在物流方面，京东能提供全渠道物流、产业供应链、智能云仓、跨境物流等解决方案；在数智化方面，京东可提供商品数智化、物流数智化、金融数智化、保险数智化等解决方案，而其底层依靠的则是京东对数字化与大数据技术的投入。以供应链能力对外赋能的模式也将是企业未来发展的一个趋势。

零售电商的另一大巨头则是阿里巴巴。创建于1999 年的阿里巴巴集团是中国最大的电子商务企业，如今已涉猎多个领域，不仅从国内的零售商拓展为跨境及全球电商，还拓展了生活服务类应用（如图 7－2 所示），其背后则依托了物流服务、金融支持、营销服务与数据管理平台、云服务等基础设施。背靠强大的

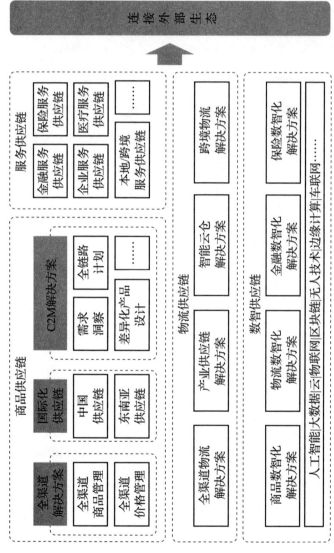

图7-1 京东的数智化社会供应链生态

资料来源：京东.

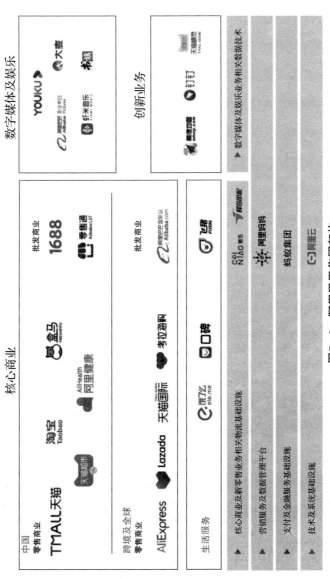

图7－2　阿里巴巴集团架构

资料来源：公司公告.

线上基因，阿里巴巴的新零售布局已渗透到方方面面，包括：入股/收购银泰、高鑫、百联、三江购物等传统商超，帮助它们转型升级为智慧门店和体验店；打造盒马鲜生等新业态，引领新零售的发展方向；为蚂蚁金服、菜鸟联盟、阿里云等提供支付、物流、金融等基础设施；以口碑、饿了么、淘鲜达布局本地生活；以阿里妈妈提供大数据营销平台；以零售通赋能上百万家社区零售小店等。阿里巴巴还与苏宁相互持股，形成合力。2018 年 11 月，阿里巴巴组织架构完成了新一轮调整，主要变化包括：阿里云升级为阿里云智能；成立新零售技术事业群；天猫升级为"大天猫"，形成天猫事业群、天猫超市事业群、天猫进出口事业部三大板块。调整后的阿里巴巴加强对技术、智能互联网的投入。这些调整均体现了新零售在阿里巴巴战略中的核心地位。

其中在零售业最引人瞩目的要数盒马鲜生了。2016 年 1 月，京东物流原总监侯毅在上海创办盒马鲜生，后获得阿里巴巴高额投资。盒马鲜生采用"线上电商＋线下门店"经营模式，门店承载的功能较传统零售进一步增加，集"生鲜超市＋餐饮体验＋线上业务仓储"为一体，业界普遍认为盒马鲜生将成为阿里巴巴新零售的"1号工程"。盒马鲜生官方将"全渠道""移动电商"这类本来与线下店无关的概念都加进了对盒马鲜生的描述中。之所以能创造出这样一种跨越线上、线下零售边界的新业态，是源于移动互联网、云计算、大数据和人工智能等技术的驱动，如图7-3所示。这些技术在全渠道供应链中的应用，一方面提高了零售商的效率，另一方面改善了消费者的体验，使得消费者能随时随地购物。

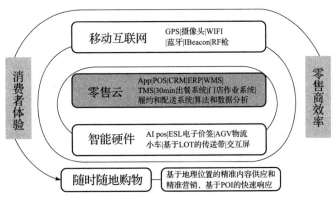

图7-3　盒马鲜生的数字化设备及系统
资料来源：盒马鲜生、招商证券.

有了技术的支持，还需要盒马鲜生与供应商之间形成良好的长期合作关系。盒马鲜生与供应商在商品

联合开发、商品进场、厂家直供、基地建设等方面都
有所创新。盒马鲜生与品牌商联合开发了对盒马鲜生
专供的定牌商品，曾计划于 2021 年定牌商品销售额
达到 50%。盒马鲜生还对一些新产品采取买断和独
家经营的模式。在商品进场方面，盒马鲜生采取买
手制，对生鲜商品不收取任何渠道费用（包括进场
费、店庆费、促销费、新品费等与商品本身无关的
费用），对标品也正在实施相似策略。同时，盒马鲜
生还建立了以厂家直供为核心的供应链模式，以支
持盒马鲜生全国门店销售。此外，在政府的支持下，
盒马鲜生逐步完成全球和全国农产品基地建设（自
建/投资/收购上游供应资源），让消费者享受到最安
全的农产品。

总　结

通过我们的观察，供应链的发展可以分为四个阶
段：被动及支持型、主动及细分型、智慧及体验型、
供应链＋生态圈。数字技术与大数据在不同阶段的应
用深度和作用也有所变化。传统零售企业大部分处于

从第一阶段向第二阶段转型，并努力向第三阶段发展的阶段；而基于互联网的零售企业一开始即处于第三阶段，但同时它们也需要对前两个阶段的能力进行补充，最后朝着供应链＋生态圈的方向发展。

后　记

本书的撰写过程伴随着突如其来且至今仍在世界各地蔓延的新冠肺炎疫情。这场疫情让大家真真切切地感受到，我们所处的世界充满了易变性（volatility）、不确定性（uncertainty）、复杂性（complexity）以及模糊性（ambiguity）。我们也看到，在这场疫情之中，哪些企业是迅速反应、转危为机的，哪些企业是僵化被动、危在旦夕的。只有那些在供应链上积累了硬功夫的企业，才能在这样的世界里立于不败之地。

现实是最好的教科书。如何应对这样的世界，零售企业可以学习的一个例子是制造业中的翘楚——海尔。

海尔是一个总是"把刺刀刺向自己"的企业。

37年前"砸冰箱"，激发了全体员工对产品质量的反思。痛定思变，从1984年开始到2000年，海尔用十几年的时间，围绕产品质量和成本，制定了生产标准，引进了国外先进的冰箱生产线，重塑了生产流程。海尔专门开发了基于预测和生产计划的大规模推式生产系统——"T模式生产体系"，实现了精益生产。在这样规范、高效的供应链支持下，海尔逐步成为高质量家电的代名词。自20世纪90年代起，海尔在冰箱、空调等多个白色家电领域成为全国的领导品牌，并开始进军海外市场，成为中国制造的一面旗帜。

17年前"砸组织"，激活了大象式庞大组织的翩翩起舞。2005年，海尔发现组织内部官僚主义越来越严重，于是通过"人单合一"模式砸掉了科层制，取消了所有的职能管理部门，让1.2万名中层管理人员创业，形成了400多个灵活高效的小微组织。

6年前"砸标签"，海尔撕下白色家电标签，转型做智慧家庭生态品牌。海尔曾蝉联十多年世界白色家电品牌第一名。但海尔深知，产品经济时代已经过去了，体验经济时代已经到来。在体验经济时代，用户千人千面的需求根本不是一种产品能够满足的，也不是一家企业能够满足的，而是需要一个生态来满足。2017年海尔创造了工业互联网时代的生态品牌"卡奥斯"，这个工业互联网母平台能够赋能传统产业转型升级，并孵化出很多新物种，在各行各业形成了生态雨林式的多样化生态。最近几年，海尔都是Brand Z全球最具价值品牌100强中唯一的物联网生态品牌。

海尔如何有底气不断"把刺刀刺向自己"，并且获得新生呢？一个被很多人忽视的细节是，海尔是最早拥抱数字化转型的传统企业之一，并且在几十年前就已经注重数字化与业务的深度融合。

可见，数字化不仅仅是体验经济的催化剂，宏观来讲，更是企业在复杂多变的时代能够一直乘风破浪的抓手。有了数字化的基础，企业才能谈敏捷、谈变革、谈机遇引领。对于零售企业来说，需要从战略角度来考虑如何构建数字化的商业模式，并构筑数字化网络来支持数字化的商业模式。零售企业想要在数字时代取得成功，在市场上获得竞争优势，必须注意以下几点：

第一是战略驱动。企业首先应该认识到，应该将供应链的数字化转型列为企业的发展战略，确定战略发展目标与计划，组织团队与资源，进行强力推动，做好系统的设计与规划，并认真实施。

第二是重视对技术创新的投入。数字技术是供应链创新的驱动因素及工具。在供应链的不同环节，企业一方面通过技术的应用，可以做流程的自动化，另一方面也可以通过人工智能与大数据等手段，辅助智慧供应链决策。数字技术一方面可以提高效率、降低成本，另一方面可以提升用户体验。

第三是做好数字化供应链细分与协同。数字化供应链细分是提供差异化的数字化供应链解决方案，以满足特定属性的客户需求的能力之一，通过客户细分、触点细分、资源细分、渠道细分，并协同上下游资源，进行产品设计、生产、销售与交付；数字化供应链协同是通过电子手段（电子数据交换、互联网、物联网），将供应链中的合作伙伴、数据和系统连接在一起，使供应商更容易通过自动化关键业务信息的双向交换，减少物料交付时间、简化补货技术、改进库存计划和可见性，从而提高供应链的反应速度，更好地应对市场的不确定性。

第四是做好数字化供应链执行。在计划、采购、物流等供应链执行层面，企业要积极进行数字化转型。实现供应链数字化的企业规划周期将缩短，并依托上下游协同带来的实时数据，通过人工智能、认知分析提升供应链的自动预测能力与速度。在数字化供应链中，采购将从业务支持者向价值创造者转变，通过建立企业内部与外部之间的新连接，推动供应链协同，为企业创造价值。物流将依托物联网技术与自动化技术，提升信息交互效率与自动化作业能力。企业在转型升级的过程之中,有不同的路径。一些企业是从孤岛型向工业化型转变。在转变过程中,企业可以利用数字化工具,提高流程效率,但是因缺少与用户的连接,无法进一步提升客户的体验。另一些企业是从孤岛型向用户体验型转变。这类企业主要是利用数据和数字化工具,提升客户体验,但是效率没有提高。这一类企业往往在改善的初期,利润率非但没有提高,反而下降。

做得最好的企业是研究如何向着成为面向未来型的企业去转变。这里面有两条不同的路径:一条路径是像爬楼梯一样,遇到客户体验有问题,就去研究怎样改善客户体验,改变一些做法;发现效率成本有问题,就去研究怎样把某些流程标准化、自动化、数字化,这样不停地摸索,不停地摇摆,逐渐地向着面向未来型的企业去转变。

另一条路径就是知道原来的组织、战略、文化甚至人员同新的战略不符,为了能够突飞猛进地发展,能够向面向未来型的商业模式、运作模式去发展,再建立一个新公司,在新公司中以新的战略、新的商业模式,甚至新的团队(往往这些团队既要有掌握数字

技术、懂互联网的人，又要有懂传统产业的人，两者
要结合起来）去发展，最后打造出新的商业模式、新
的系统、新的流程，使效率和客户体验都得以改善，
最后反过来用这个新公司去改变旧公司。

最后，本书在撰写过程中得到了来自学术界和企
业界的大力支持，他们分别是中欧-普洛斯供应链与服
务创新中心的王良博士、张逸颖博士、研究助理黄莺，
华南师范大学的付文慧博士，来自京东、韩都衣舍、
苏宁等企业的高级管理人员等，特此致谢！